놀면서 배우는 심리학 01

관계의 분리수거

놀면서 배우는
심리학
01

관계의 분리수거

Separation and Recycling of Relationships

잘 지내려 애쓸수록 상처받는 사람들을 위한 심리학

김경일 김윤나 김태경 김혜령 박재연 성유미 신고은 신재현
유은정 이현주 장성숙 전소정 지나영 최명기
최설민 하정희 한창수 함광성 지음

최설민 엮음

21세기북스

차례

PART 1

타인의 감정 쓰레기통이 되지 말라

PART 2

관계에도 분리수거가 필요하다

CHAPTER 3 나쁜 관계를 정리해야 좋은 관계가 들어온다

CHAPTER 4 착하기만 한 호구가 되지 않는 법

PART 3

만만하지 않은 사람이 되어라

CHAPTER 5 당당해져라, 그게 전부다

PART 1

타인의 감정 쓰레기통이 되지 말라

CHAPTER 1

무례한 사람을 쳐낼 용기

자꾸만 선을 넘으며 기분을

언짢게 만드는 사람들이 있습니다.

문제는 화를 내기엔 조금 애매해서,

나만 속 좁은 사람처럼 느껴지게 한다는 점이죠.

이런 사람들로부터 할말은 하며

나 자신을 지키는 법을 알아봅시다.

좋은 사람 같지만 사실은 나에게 해가 되는 사람

김경일 | 아주대학교 심리학과 교수

비합리적 신념의 대표적인 예는
가족 같은 친밀한 관계일수록
모든 게 같아야 한다고 생각하는 겁니다.
이것이 계속 갈등을 만드는 악순환의 근원입니다.
갈등을 풀기 위해서는 서로가 다르다는 것을
인정하려는 노력이 필요합니다.

최설민 우리는 살아가면서 다양한 인간관계를 맺고, 또 그 인간관계로 많은 갈등 상황에 놓이곤 합니다. 그중에서도 자꾸만 나의 삶을 갉아먹거나 나의 앞길을 가로막는 사람과의 관계를 진작 끊지 못해 후회할 때가 있습니다. 문제는 모든 사람은 입체적이라 어떤 면에서는 나에게 해가 되기도 하지만, 또 다른 면에서는 배울 점이 있기도 해서 어떻게 관계를 정립해야 할지 참 애매합니다.

저 또한 인간관계로 고민한 적이 많은데요, 평생 함께할 사람이라고 착각하기 쉽지만 멀어져야 하는 사람에 대한 분명한 기준이 있다면 우리의 고민과 후회를 조금 줄일 수 있지 않을까 합니다. 사람과의 관계가 유기적이라 모든 관계에 하나의 기준을 적용할 수는 없겠지만 그렇더라도 '좋은 사람이라고 착각하기 쉽지만 나에게 해가 되는 사람'에 대한 보편적인 기준이 있을까요?

김경일 사람마다 자신에게 해가 되는 대상이 다릅니다. 나에게 해가 되는 사람이란 결국 나와 공존할 수 없는 사람이라는 뜻입니다. 나와 공존할 수 없는 사람과 공존하려 하면 불행해집니다. 일본의 예를 들어보겠습니다. 1950~60년대 결혼해 30~40년 넘게 원만하게 살아왔다고 생각하는 부부 중, 부인이 먼저 사망하면 보통 남편도 머지않아 사망한다는 통계가 있습니다. 나에게 중요한 사람, 필요한 사람을 잃었기 때문입니다. 반면 남편이 먼저 사망하면 부인들은 오히려 행복해집니다.

왜 이런 현상이 나타날까요? 자신들은 원만한 결혼생활을 해왔다고 생각하지만 사실은 착각이었습니다. 실제로 이들은 그다지 좋지 않은 관계를 맺고 있었던 것입니다. 그 이유

중 하나가 서로 감정을 잘 표현하지 않는 관계였기 때문입니다. 기쁨, 슬픔, 분노 등 일상에서 경험하고 느끼는 다양한 감정을 드러내지 않은 것입니다. 감정을 표현하지 않는 사람은 상대를 힘들게 하고, 멍들게 합니다.

더 큰 문제는 기쁘고 신나는 감정은 드러내지 않고 부정적인 감정만 드러내는 경우입니다. 캐나다 캘거리대학교의 이기범 교수님께 농담 삼아 "일본에 이런 일이 있으니, 한국도 위험하지 않겠습니까?"라고 묻자 이렇게 대답하시더군요. "아니요. 한국 남자들은 자신의 감정을 잘 보여줍니다. 한국 남자들이 부인이나 여자친구에게 '삐돌이'라는 별명으로 불리는 경우가 정말 많은 것만 봐도 알 수 있죠." 교수님의 말처럼 한국은 일본보다는 상황이 조금 나은 듯합니다. 하지만 중요한 것은 부정적인 감정만이 아니라 긍정적인 감정도 잘 표현할 수 있어야 한다는 것이죠.

장난을 받아주는 사람과 함께하라

최설민 교수님의 이야기를 듣고 보니 '자기 감정을 잘 드러내지 않는 사람은 공존하기 어려운 사람'이라는 생각이 듭니다. 인간관계는 서로에게 자신의 감정을 표현하고 반응하면서 시작되니까요.

김경일 맞습니다. 그래서 저는 인간관계에 확고부동한 기준이 있습니다. 바로 '이 사람이 내 장난을 받아주는가?' 하는 것입니다. 저는 장난치는 것을 아주 좋아합니다. 그렇더라도 장난은 지극히 맥락에 기반하는 것이어서 모르는 사람에게 막 장난을 치지는 않죠. 상대방을 잘 관찰해 그에 맞는 장난을 치면 잘 받아주는 사람이 있습니다. 그 사람은 나와 친해질 가능성이 큽니다.

반면 장난을 쳤는데 아예 받아주지 않는 사람도 있습니다. 내가 무례한 장난을 쳐서도 아니고, 그가 나쁜 사람이어서도 아닙니다. 그 사람은 그냥 내 장난을 받아들이기 싫은 것뿐입니다. 그는 누군가에게는 좋은 사람일 수 있지만 나와는 공존하기 어려운 사람입니다. 그 사람이 감정을 드러내지도 않고, 나의 장난을 받아주지도 않는다는 것은 나와 공존할 생각이 없다는 뜻입니다.

하지만 그 사람도 자신과 공존할 다른 누군가와는 서로 감정을 나누고 장난을 주고받기도 할 겁니다. 그러니까 그 사람은 그냥 나와 안 맞는 사람, 공존할 수 없는 사람인 거죠. 그런 사람을 상대로 친해지겠다고 집착하거나 상처받을 필요는 없습니다.

최설민 어떤 사람을 상대로는 장난을 치고 싶어도 존중하는 의미에서 그러지 못하고 진지하게 대하는 경우도 있습니다. 그래서인지 그런 사람과는 쉽게 친해지기가 어려운데, 이런 대상과도 쉽게 친해질 방법이 있을까요?

김경일 서로 존중하는 의미에서 장난을 안 치는 경우는 대개가 공식적인 관계일 때입니다. 공식적으로 만났어도 그 관계가 지속되면 얼마든지 친해질 수 있고, 나이 차이가 많아도 서로 농담을 주고받을 수 있죠.

예를 들어 음식점에서 오랜 단골손님과 홀 매니저가 농담을 주고받으며 서로의 친근감을 확인하거나, 백악관의 청소부가 오바마 대통령에게 피스트범프(주먹인사)를 하는 것처럼 공식적인 관계라도 얼마든지 친근감을 표현할 수 있습니다. 서로 친해지기 위해서는 예의가 허락하는 범위 내에서 약간의 변화를 만들어내야 합니다. 그렇지 않으면 그 관계는 늘 공식적인 선에 멈춰 있을 수밖에 없죠.

공식적이거나 엄격한 관계가 아닌 선후배 혹은 동료 사이인데도 내 장난을 받아주지 않는 사람들도 있습니다. 그럴 때는 아주 단호하게 장난이나 농담을 멈춰야 합니다. 인맥을 정리하라는 게 아니라 '저 사람과 나의 관계는 여기까지구나' 하고 분명하게 선을 긋는 것입니다.

최설민 나와의 관계 안에 들어와 있는 사람들 중에 작은 농담이나 장난이 안 통하는 사람이 있다면 그는 나와 다른 사람, 적정한 선을 유지해야 하는 사람이라고 관계를 정립할 필요가 있겠군요. 멈춰야 할 때를 알고 멈추는 행동이 매우 중요한 포인트인 것 같습니다. '관계를 끊어내는 게 아니라, 더 이상 관계를 확장하지 않는다'라고 생각하면 상처받지 않고 관계를 유지할 수 있을 것 같습니다.

김경일 맞습니다. 그런 상황에서 자꾸 뭔가를 하려는 것은 일종의 짝사랑과 같습니다. 거기서 멈추지 않고 계속하면 내 맘 같지 않은 상대방의 행동으로 섭섭한 마음이 쌓이고, 그러면서 분노를 키우게 됩니다.

10년 동안 인사를 하면 매번 고개만 끄덕하는 사람이 있습니다. 그런 사람에게 자꾸 말을 걸거나 장난을 치면 어느 순간 모멸감이 느껴지고 화가 납니다. 그러면 그런 사람을 상대로 어떻게 해야 할까요? 나도 똑같이 끄덕하고 고개 인사만 하면 됩니다. 맘에 안 든다거나 나와 다르다고 해서 관계를 끊어버리는 게 아니라 그 사람과는 딱 그 정도의 거리를 유지하는 게 현명합니다.

최설민 많은 사람들이 '내가 이렇게까지 노력하는 데 저 사람은 왜 내 말을 받아주지 않을까?' 하면서 상처받기도 하고 상대방을 탓하기도 합니다. 사람에 따라 관계의 거리, 밀도, 무게가 다를 수 있다는 걸 인정하기만 해도 마음의 위안이 될 것 같습니다.

김경일 택시 기사 중에 손님에게 친근하게 말을 걸었는데 손님이 부정적인 반응을 보여 상처받는 사람이 있습니다. 하지만 손님에 따라서는 택시 기사가 말을 거는 게 불편한 사람도 있어요. 택시 기사와 승객의 관계를 적정한 선을 지켜야 하는 공식적인 관계로 생각하는 거죠.

마찬가지로 내 주변의 누군가도 내가 친밀감을 나타내려고 말을 거는 것 자체를 불편하거나 부담스럽다고 느낄 수 있습니다. 그 사람은 나와 그럴 마음이 없는 거죠.

나한테 진실하지 않은 사람은 끊어내라

최설민 살면서 평생 함께해야 할 사람이라고 생각하지만 우리의 착각일 뿐, 사실은 빨리 끊어내야 하는 사람이 있다면 어떤 부류일까요?

김경일 능력 있고 자원(돈, 부동산, 인맥 등등)이 많지만 나한테 진실하지 않은 사람입니다. 이런 사람이 가장 끊어내기 힘듭니다. 여기서 진실하지 않다는 것은 '거짓말을 하는 사람'보다 나와 '상의하지 않는 사람'에 방점을 찍어야 합니다. 예를 들어 내가 한 친구와 여행을 가게 되었습니다. 그런데 나보다 부자이고 능력도 좋은 친구가 나와 한마디 상의도 없이 숙소도 결정하고 비용도 지불했습니다. '넌 아무것도 몰라도 돼. 돈은 내가 내니까 그냥 따라오기만 해'라는 식인 거죠. 기분이 좋진 않지만 친구가 돈도 더 내고 다 알아서 하니까 그냥 참습니다.

그런데 이런 관계가 지속되면 어떻게 될까요? 나는 점점 무기력해집니다. 그래서 능력 있거나 자원이 많은데 나와 전혀 상의하지 않는 사람은 나에게 정말 위험합니다. 인간관계에서 이런 일은 흔하게 일어나는데, 특히 외벌이인 부부

관계에서 자주 나타납니다. 가령 부인이 전업주부인 경우, 남편이 모든 중대사를 아내와 상의하지 않고 혼자서 처리하죠. '고민은 내가 할 테니 너는 따라오기만 해'라는 식의 일방적인 태도는 진정성이 떨어지며, 나를 무기력하게 만드는 매우 부정적인 관계입니다.

최설민 그런 경우 나와 왜 상의하지 않느냐고 따져 묻기도 힘들 것 같아요. 상대방이 '내가 돈 냈잖아' 이렇게 말하는 순간 나는 무너져버릴 테니까요. 그래서 그런 말을 듣지 않으려고 아예 내색조차 하지 않는 건 아닐까요?

김경일 맞습니다. 그 사람이 나와 상의하지 않는 게 대역죄는 아니죠. 하지만 좋은 사람도 아닙니다. 그 사람이 나를 좋아하고 존중하고 오래오래 나와 함께할 친구라고 생각한다면 내 의견을 묻고 나와 상의했어야 합니다. 나를 존중하지 않는다는 것은 그만큼 나를 좋아하지 않는다는 뜻입니다. 모든 면에서 나와 비교할 수도 없는 위치에 있는 사람이라도 나를 좋아한다면 당연히 평균 이상의 존중감을 가지고 있습니다.

식사 약속을 하더라도 어디서 뭘 먹으면 좋을지 물어보죠. 설령 이미 정해놓은 곳이 있다면 거기가 괜찮은지 의향을 물어봅니다. 그런데 좋아하지 않으면 자기도 모르게 이 과정을 생략해버립니다. 나를 무기력하게 만드는 이런 관계에서 벗어나려면 그 사람을 통해 내가 얻는 이득을 과감하게 포기해야 합니다. 또는 그 이득이 나한테 중요하지 않다는 걸 보여줄 필요가 있죠.

최설민 그러면 반대로 누군가에게 신뢰할 만한 관계이고, 그 사람과 평생 함께할 진정성 있는 사람이라는 것을 보여주려면 어떻게 말하고 행동해야 할까요?

김경일 사람을 떠나가지 않게 하는 것은 매력과는 다릅니다. 굉장히 매력적인 사람을 만났어도 쉽게 그 사람에게서 멀어지는 경우는 많죠. 매력은 있지만 진정성이 없기 때문입니다. 진실하지 않으면 아무리 매력적이어도 떠날 수밖에 없습니다. 보통 소득이나 나이, 취미 등이 많이 차이 나면 친해지기가 쉽지 않죠. 그런데도 관계가 계속 유지되는 경우는 서로에게 '최소한 나한테 뒤통수는 안 칠 사람'이라는 믿음이 깔려 있기 때문입니다. 서로의 진정성을 믿는 것이죠. '진실'과 '사실'은 전혀 다릅니다. 진실은 숨긴 채 사실만 보여주는 게 아니라 진실을 보여주는 사람이 훨씬 더 매력적입니다.

최설민 그 진실을 '의도'라고 바꿔 생각하면 이해가 쉬울 것 같습니다. 의도를 숨기지 않으면 평생 함께할 관계를 만들 수 있지 않을까 합니다. 그런데 의도를 숨기지 않는다는 것은 노력이라기보다 용기가 필요한 일인 것 같습니다.

김경일 맞아요. 여기서 용기는 곧 '결정'입니다. '의도를 숨기지 않는다는 것은 그 사람과 오래 함께 하겠다는 결정'입니다. 사람들과 관계를 잘 맺으려면 진정성을 보여주어야 하고, 그러기 위해서는 내 의도를 숨기지 않고 보여주는 용기, 즉 결정이 필요합니다. 의도를 숨긴 채 온갖 미사여구로 포장하는 사람들을 주변에서 어렵지 않게 봅니다. 그런데 우리가 그 친구들을 계속 만나나요? 안 만납니다.

최설민 진정성을 보여주면서 인간관계를 맺어도 어디서든 갈등이 생길 수밖에 없다고 생각합니다. 이런 갈등을 잘 풀어나갈 수 있는 꿀팁 같은 게 있을까요?

김경일 가까운 사람과의 갈등은 대부분 비합리적 신념에서 비롯합니다. 심리학에서 말하는 비합리적 신념의 대표적인 예가 가족 같은 친밀한 관계일수록 모든 게 동일해야 한다고 생각하는 겁니다. 그런 생각 자체가 지속적으로 갈등을 만들어내는 악순환의 반복인 셈이죠. 갈등을 풀려면 서로가 다르다는 것을 인정하려는 노력이 필요합니다.

제 경우 가족 여행을 갈 때 각자 서로가 편한 교통편을 이용합니다. 기차를 타는 사람도 있고, 고속버스를 타는 사람도 있고, 비행기를 타는 사람도 있습니다. 그렇게 각자 원하는 교통편을 이용해 약속한 목적지에서 만나면 그 순간 그렇게 반가울 수가 없습니다. 늘 같이하던 것을 장난처럼 한번 다르게 해보는 겁니다. 이렇게 반복하다 보면 서로가 다르다는 것을 인정하게 되고, 그 속에서 관계가 더 끈끈해지는 것을 경험할 수 있습니다.

놀심의 한 줄로 배우는 심리학

- 모두와 '친하게' 지낼 필요는 없습니다. 적당한 거리를 유지하는 관계로 충분한 사람도 있습니다.
- 단순히 '거짓말'을 하지 않는다고 진실한 사람은 아닙니다. 나와 터놓고 상의하는 사람과 진실한 관계를 맺으세요.
- 인간관계에서 갈등은 필연적으로 생길 수밖에 없습니다. 서로가 다르다는 것을 인정하면 갈등이 줄어듭니다.

누구도 함부로 하지 못하도록 나의 격을 높이는 행동

한창수 | 고려대학교 정신건강의학과 교수

'내 주변에 믿을 사람 한두 명만 있으면 된다.'
이렇게 생각하면 마음이 훨씬 편안해질 거예요.
나를 미워하는 사람들한테 크게 신경 쓰지 마세요.
자존감을 높이려면 자기 수용이 가장 중요합니다.
인간은 누구나 스스로 알아서 당당하게
열심히 살아가는 사람을 좋아합니다.

최설민 주변에 인간관계 때문에 스트레스를 받는 사람들이 아주 많습니다. 특히 나에게 함부로 하거나 나를 만만하게 보는 사람들 때문에 힘들어하는 경우가 많은데요, 이런 스트레스가 성격과도 연관이 있을까요?

한창수 인간관계에서 스트레스를 받는다는 것은 곧 그 인간관계를 통해 내가 뭔가 얻고자 하는 게 있거나, 아니면 그

대상과 잘 지내고 싶은 마음이 큰데 그렇지 않아 상처를 입는다는 의미입니다. 성격적인 영향이 클 수밖에 없죠. 인간관계에 대한 기대가 별로 없는 성격도 있고, 반대로 매우 민감한 사람도 있습니다. 여러 유형 중 분열성 성격schizoid personality은 인간관계에 별로 흥미도 없고 욕구도 없는 경우입니다. 이런 성격의 사람들은 '자발적 왕따'처럼 주로 자신만의 공간에서 혼자 지내며 주변 관계에 아무런 관심을 두지 않습니다.

반면에 인간관계에 관심이 많고 여러 사람과 친하게 지내고 싶은데 거절당할까 봐 두려워 관계를 맺지 못하는 사람도 있습니다. 이를 회피성 성격avoidant personality이라고 합니다. 이와는 다르게 아예 공감 세포 자체가 없는 사람도 있습니다. 이들은 상대방이 무슨 생각을 하는지, 상처를 입었는지, 불편해하는지 등에 아예 관심이 없습니다. 이를 심리학적 용어로 마음 이론theory of mind이라고 부르는데요, 이런 공감 세포가 극단적으로 없는 집단을 자폐나 사이코패스로 분류합니다.

최설민 그런데 코로나19 이후로는 인간관계의 문제가 비단 성격에서 비롯되는 것만은 아닌 것 같습니다. 특히 직장에서의 인간관계가 매우 달라진 것 같거든요.

한창수 그렇죠. 요즘은 직장 내 대부분의 업무가 카톡 같은 메신저를 통해 이루어집니다. 그러다 보니 업무 중에 발생하는 상황에 대처하는 방식도 달라졌습니다. 예전에는 업무 중 속상하거나 힘든 일이 생기면 상대방과 대면하고 소통하며 문제를 해결했어요. 예를 들어 팀장이 나한테만 자꾸 힘든 일을 시킬 때, 약간 응석 부리듯 "팀장님~ 저 이거 못하겠어요. 팀장님이 하세요~"라고 말하면, 팀장도 웬만하면 "그래, 알았어" 하고 받아줍니다.

그런데 메신저는 어떻습니까? "팀장님, 저 이거 못하겠습니다. 팀장님이 하세요"라는 메시지를 받으면 상대방의 정서와 상관없이 문자 그대로 건조하게 읽게 됩니다. 말의 콘텐츠만 받아들이다 보니 오해도 많이 생기고 상처도 더 쉽게 받죠.

최설민 요즘은 많은 인간관계가 메신저를 통해 소통하다 보니 그런 일이 흔하게 발생하는 것 같습니다. 이모티콘만으로는 해결되지 않는 것들이 분명히 있잖아요. 말로 나의 감정을 표현하기도 쉽지 않은데, 더군다나 글로 전달하다 보니 더 힘들어지는 게 아닌가 합니다. 이 문제를 어떻게 해결해야 할까요?

한창수 경험이 중요합니다. 젊은 세대라면 메타버스를 통해서라도 먼저 다양한 사람을 만나고 대화를 나누는 경험을 해보는 게 좋습니다. 오프라인에서 대면하기 전에 선제적으로 온라인상의 만남을 보조 도구로 사용하는 거죠. 노인 세대라면 오프라인 만남을 적극 추천합니다. 경로당이나 복지관, 문화센터, 노인대학 등에서 교류의 시간을 갖는 거죠. 어떤 식으로든 교류하지 않으면 우울증이나 불안증이 심해지고, 치매 위험성도 매우 커집니다.

다만 메타버스를 인간관계의 보조 도구로 사용하되 이것에만 의존하면 안 됩니다. 메타버스는 어디까지나 가상의 세계니까요. 가상 세계가 발달하면 할수록 그 안에만 머물고 바깥의 현실 세계로 아예 나오지 않으려는 사람들이 생길 수 있습니다. 그러면 그 안에서 또 여러 가지 정신적인 문제들이 발생할 수밖에 없죠. 메타버스를 인간관계의 보조 도구로 사용하되 가능한 오프라인 만남을 많이 가져야 합니다. 당장 사람을 만나기도 두렵고, 또 만날 사람도 없다면 박물관이나 미술관, 연주회라도 가기를 권합니다. 사람들이 많은 곳에서 함께 음악을 듣고 그림을 보는 것만으로도 간접적인 만남을 경험하게 됩니다. 인간관계의 두려움을 떨쳐내는 일종의 연습이죠.

나를 지지하는 사람은 한두 명이면 충분하다

최설민 사람이 많은 곳에 가는 것 자체가 두려움을 극복하는 데 도움이 된다는 말씀이시군요. 그런데 주변 사람들에게 상처를 많이 받고 인간관계가 몹시 힘든 사람들은 사실 메타버스나 사람들이 많은 곳에 간다고 해서 근본적인 해결책이 생길 것 같지는 않아요. 그런 사람들에게는 어떤 방법이 좋을까요?

한창수 내 자존감의 근원은 주변 사람이 아니에요. 주변 사람은 나한테 거울 역할을 합니다. 거울은 나의 모습을 반사하고 '내가 정말 잘 살고 있구나. 괜찮구나'라는 긍정적인 피드백을 줘서 나를 뿌듯하게 만들어주는 역할을 합니다. 이런 인생의 거울은 한두 명만으로도 충분합니다. 하와이에 카우아이섬이라고 있습니다. 미국의 심리학자들이 이곳의 전쟁고아 150명을 대상으로 그들의 성장 과정을 추적 관찰했습니다. 그중 일부 아이들은 하버드대학교에 들어가거나 상원의원이 되었습니다. 이 아이들을 집중 분석한 결과 놀라운 사실을 발견했습니다. 이 아이들에게는 부모가 아니더라도 할머니나 고모, 이모, 선생님처럼 자기를 지켜보며 '너 잘하고 있어'라고 긍정의 피드백을 해주는 거울 역할자가 한 명은 있었다는 사실입니다.

인생 초년기인 두 살 이전에 '내가 전적으로 믿고 의지할 수 있는 존재가 단 한 명만 존재해도 그 힘으로 평생을 살아간다'고 합니다. 두 살 이전은 인간관계의 기본적인 신뢰감을 형성하는 시기이기 때문입니다. 특히 아이들은 엄마의 '감탄'을 먹고 평생을 살아갑니다. 엄마는 아이가 걷기만 해도, '엄마'라고 말만 해도 감탄하며 반응하죠. 그러니 내 주변의 모든 사람에게서 칭찬받을 필요는 없어요. 인간관계를 두려워하는 사람 중에는 주변의 모든 사람에게 잘 보이고 싶어 하는 경향이 있어요. 그중 한 명이라도 나를 비난하거나 삐죽거리며 마음에 안 들어 하는 느낌을 주면 이내 불안해져서 사람 만나기를 두려워하게 되는 거죠.

'내 주변에 믿을 사람 한두 명만 있으면 된다'라고 생각하면 마음이 훨씬 편안해질 거예요. 나를 미워하는 사람들한테 크게 신경 쓰지 마세요. 결국 자존감의 근원 자체도 타인의 수용보다는 자기 자신의 수용이 가장 중요합니다. 인간관계를 맺을 때도 마찬가지입니다. 인간은 누구나 스스로 알아서 당당하게 열심히 살아가는 사람을 좋아합니다. 내 가족도 그렇고, 직장 같은 사회관계에서는 더더욱 그렇죠.

최설민 교수님 말씀을 듣고 보니 평소에 나를 미워하는 한두 사람 때문에 마음이 몹시 요동쳤다면, 나를 지지해 줄 한두 사람을 찾으면 삶이 조금 편안해질 것 같다는 생각이 듭니다. 그런데 상대방이 나를 지지하고 신뢰할 만한 안정적인 사람이라는 걸 어떻게 알 수 있을까요?

한창수 나를 최대한 존중하는 사람이죠. 존중한다는 것은 곧 상대방의 다양한 감정을 충분히 이해하고 상대방의 의사를 경청하고 지지해주는 것입니다. 직장 상사나 동료 중에 천성이 멘토 같은 사람이 있습니다. 내가 없으면 아쉬워서 혹은 동정심에서가 아니라 진심으로 나를 인정하고 존중하고 공감해 주는 사람들이죠. 이런 사람들이 신뢰할 만한 사람일 가능성이 큽니다. "나만 믿어! 내가 하라는 대로만 해!"라고 말하는 사람은 상대방을 이용할 가능성이 굉장히 많고 사기꾼일 확률이 높아요.

관계의 다양성을 인정하고 현실을 직시하라

최설민 인간관계에서 내가 그런 사기꾼처럼 보이지 않고 상대방에게 신뢰를 주는 사람이 되려면 어떻게 해야 할까요?

한창수 그것은 가치관의 문제라고 생각해요. 요즘 신입사원 중에 상사로부터 작은 지적이라도 받으면 다음 날 바로 “이 일은 나한테 안 맞는 것 같습니다”라고 문자를 보내고 그만두는 사람들이 있습니다. 정신과 의사들은 이들을 마른 장작 같은 존재라고 표현합니다. 우리는 대개 이런 유형의 사람들을 신뢰하지 않죠.

반대로 회복력이 큰 사람들은 젖은 장작에 비유합니다. 이런 사람들은 전날 호되게 혼이 났어도 다음날 웃으면서 커피 두 잔을 들고 옵니다. 잘 모르니까 열심히 배우려 하고, 혼내고 가르치면 고치려 노력하고, 마음의 상처도 툭툭 털어 내며 쉽사리 쓰러지지 않습니다. 우리는 이런 사람들을 신뢰하고 좋아하죠. 이렇게 회복력이 좋은 사람들은 외상 후에도 스트레스를 받기보다 오히려 성장합니다.

그리고 원인 분석 능력이 있어야 합니다. 실수했는데 왜 그런지도 모른 채 우울해하기만 하면 똑같은 실수를 반복하게 되죠. 원인을 분석해야 수정할 능력이 생깁니다. 수정도 기본적으로 자존감이 바탕이 되어야 하고 공감 능력도 있어야 합니다. 자기효능감도 있어야 하고요. 자기효능감은 나 스스로 어떤 일을 수행할 능력이 있다고 믿는 기대와 신념입니다.

다만 모든 영역에서 자기효능감을 가지려 애쓸 필요는 없습니다. 사람은 저마다 잘하는 분야가 따로 있어요. 인간관계 지능이 좋은 사람이 있는가 하면 수리 능력이 좋은 사람이 있고, 또 몸을 잘 쓰는 사람이 있는가 하면 암기 능력이 뛰어난 사람도 있습니다. 저는 굉장한 몸치인데 그런 제가 손흥민 선수나 박세리 선수를 상대로 경쟁하면 어떻게 될까요? 당연히 우울해질 수밖에 없습니다. 자기효능감을 가지되 자신이 잘하는 분야를 선택해 집중적으로 연마하라는 이야기입니다.

회복력이 좋은 사람들은 쉽게 포기하지 않고, 남들한테 크게 기대하지도 않습니다. 내가 남을 돕지 않는데 다른 사람이 나를 도와줄 거라고 기대하지 않는 거죠. 이들은 내가 할 일을 충분히 잘 해낼 때 남들도 나를 도와준다는 걸 알아요. 그리고 너무 잘하지 않아도 됩니다. 결과를 떠나 잘하려는 모습만 보여줘도 도와주는 사람이 생깁니다.

최설민 다른 사람의 도움을 기대하지도 말고 내가 잘하는 걸 선택해 시작하고 거기에 집중해 열심히 하다 보면 자연스럽게 나를 도와주는 사람이 생기기 마련이라고 이해하면 될까요?

한창수 그렇습니다. 그런데 그렇게 하려면 좀 힘도 들고 지치기도 하죠. 일이라는 게 잘될 때도 있고, 안 될 때도 있으니까요. 사이사이 마음이 서늘해지고 섭섭할 때도 있습니다. 이런 마음을 극복할 수 있는 도구가 바로 유머입니다. 유머는 관계를 부드럽게 해주는 도구이기도 하지만 자기 자신에게 건네는 것이기도 합니다. 유머는 우리 뇌의 대상회를 자극해 사고의 전환을 일으켜 다른 측면을 볼 수 있게 만들어주는 역할을 합니다. 그래서 내가 유머를 던지는 순간 나의 부정적인 정서를 환기시켜 다시 긍정의 기운을 갖도록 합니다.

외상 후에도 성장하는 사람들은 인간관계의 다양성을 인정할 줄 압니다. 10센티미터 거리 내에서 정말 친밀하게 지내는 관계가 있는가 하면, 5미터 혹은 10미터 거리에서 그저 인사만 나누는 관계도 있다는 걸 받이들이는 거죠. 특히 우리가 입사하거나 입학하면 처음에는 모든 사람과 다 친하게 지내는 게 최고라고 생각하기 쉬운데, 그렇지 않다는 걸 받아들이면 상처도 훨씬 덜 입게 됩니다. 또 외상 후 성장하는 사람들은 공정과 자유, 평등을 이야기하면서도 그럼에도 불구하고 세상에는 불합리한 면이 존재한다는 사실을 인정합니다. 그래야 분노에 휩싸이거나 쉽게 좌절하지 않고 지금 내가 처한 상황에서 할 수 있는 것에 집중할 수 있습니다.

최설민 많은 사람들이 현실을 인정하지 않고 이룰 수 없는 비현실적인 꿈에 매달리면서 삶이 우울하고 비참하다고 느끼는 것 같습니다. 지금까지의 이야기를 인간관계에 적용하면 매력적인 사람을 넘어 격이 다른 사람으로 성장할 수 있을 것 같다는 생각이 듭니다.

한창수 끝으로 제가 강조하고 싶은 말은 '스스로 몸과 마음을 계속 움직이라'는 것입니다. 누군가에게 의지하려는 마음이 클수록 다시 일어서기가 힘듭니다. 그러면 그럴수록 나를 동정하는 사람은 많아지겠지만 나를 책임져 줄 사람은 없습니다. 저는 계획표나 스마트폰의 캘린더를 보조 두뇌로 사용합니다. 내가 해야 할 일을 정리하고 합리적으로 일정을 짜고 알림에 따라 일과를 시작하죠. 이런 루틴은 제 인생의 원동력이기도 합니다. 이 '시작 버튼'을 내 인생의 루틴으로 만들어 '무기력이 무기력해지도록' 만드는 것입니다.

놀심의 한 줄로 배우는 심리학

- ⋆ 나를 미워하는 사람들한테 크게 신경 쓰지 마세요. 내 인생의 지지자는 한두 명만으로도 충분합니다.
- ⋆ 세상에는 불합리한 면이 존재한다는 현실을 인정하세요. 그러면 마음이 한결 편안해집니다.

나를 하찮게 여기는 사람에게 휘둘리지 않는 방법

박재연 | 리플러스인간연구소 소장

인생을 버려지고 남겨지는 문제가 아니라,
만나고 헤어짐의 과정이라고 생각을 바꿔보세요.
세상에 외롭지 않은 사람이 있나요? 없죠.
누군가를 만나면 그 시간 동안은 외롭지 않고 행복해요.
그러다가 혼자가 되면 다시 외로움이 느껴지는데,
그렇더라도 또 내일을 기대해 보는 거죠.

최설민 나를 만만하게 여기거나 무시한다는 생각이 드는 사람과의 관계에서 스스로 통찰하고 변화하는 방법에 대해 이야기해 보겠습니다. 먼저 요즘 유튜브를 보면 '예민한 사람'들에 대한 이야기가 아주 많습니다. 스스로 예민하다고 느끼는 사람들이 많아서 그런 것 같아요. 예민하다는 건 마음속에 어떤 불편함이 있다는 게 아닌가 싶은데, 이런 사람들만의 특징이 있을까요?

박재연 마음속에 불편함이 있다는 건 남들은 다 그냥 넘기는 상황을 본인은 그냥 넘기지 못한다는 것을 말해요. 이것을 스키마라고 하는데요, 스키마schema는 마음 안에 어떤 신념이 아주 강하게 자리하고 있는 거예요. 예를 들어 사무실에서 오전 회의를 끝내고 자리로 돌아와 보니 팀원들이 모두 점심을 먹으러 나가고 아무도 없어요. '왜 나만 두고 갔지?' 하면서 단톡방을 확인해 보니 어디로 오라는 메시지도 없는 거예요.

이때 '이왕 이렇게 된 거 조용히 나 혼자만의 시간을 가져볼까?'라고 생각하는 사람이 있는가 하면, 직원들에게 어디서 밥을 먹고 있는지 즉각 물어보는 사람도 있죠. 그런데 불편함을 가지고 있는 사람은 책상에 앉아 생각에 빠져요. 그러면서 자신이 혼자 남겨졌던 다른 사건들을 떠올리기 시작해요. 지금 상황이 불쾌한 건 맞아요. 이런 상황에 처했을 때 기분이 좋을 사람은 당연히 없죠. 문제는 이 불쾌함의 강도가 지나치게 크다는 거예요.

현재 상황과 소외되고 버려진 기분이 들었던 과거의 사건이 합쳐져 불편함의 덩어리가 커진 거죠. 이 커버린 불편함의 덩어리에는 '나는 혼자 남겨질 거야'라는 신념이 깊이 자리하고 있어요. 사람들은 자기만의 핵심적인 신념을 가지고 있어요. 그 신념은 '세상은 그래도 살 만해'라는 식의 순기능적인 것도 있고, '사람은 믿을 수 없어'라는 식의 역기능적인 것도 있어요.

최설민 역기능적 신념이 강한 사람들은 같은 상황에서도 불편함을 더 크게 느낄 수밖에 없겠군요. 이런 신념은 내가 늘 의식적으로 생각하고 있는 건가요?

박재연 그렇지 않아요. 자기도 모르게 무의식적으로 튀어나오는 거예요. 사람들에게 어떤 사람이 대화를 잘할 것 같냐고 물어보면 보통 배려심 있는 사람, 잘 들어주는 사람이라고 말해요. 그런데 대화를 잘하는 사람은 성격이 좋은 사람이에요. 성격이 좋다는 건 역기능적 신념 체계가 적고 순기능적 신념 체계가 활성화되어 있는 상태를 의미해요.

누군가가 커피 한 잔을 건넸을 때 "감사합니다! 잘 마실게요. 다음엔 제가 대접할게요"라고 건강한 반응을 보이는 사람이 있는가 하면, "왜 처음 보는 저한테 커피를 주시는데요? 이거 이상한 거 아니예요?"라고 반응하는 사람도 있어요. 신념의 체계가 다르기 때문이에요. 심리도식치료의 창

시자인 제프리 영Jeffrey E. Young이 18가지의 역기능 신념 체계를 구분해놓았는데, 그중 하나가 '버림받음의 신념'이에요. 사무실에 혼자 남겨진 사람은 바로 이런 신념을 가지고 있어서 크게 불편한 감정을 느꼈던 거고, 우리는 그걸 예민하게 반응한다고 보는 거죠.

이런 사람은 팀원들이 점심을 먹고 돌아와도 "나도 점심 같이 먹고 싶었는데 왜 나만 두고 갔어요?"라고 말하지 못해요. 말해봐야 어차피 나는 버려질 거라는 신념이 강하게 자리하고 있기 때문에 하고 싶어도 못하는 거예요. 사람들이 흔히 성격은 바뀌지 않는다고 말하는데, 그렇지 않아요. 자신에게 어떤 역기능적 신념이 있는지 알아차리고 이를 수정해 나가면 얼마든지 바꿀 수 있어요.

타인에게 작은 부탁부터 시도해 보라

최설민 스키마 검사를 통해 나에게 어떤 역기능적 신념이 있는지 알아내는 게 중요하겠군요. 나의 역기능적 신념을 알아냈다면 그것을 어떻게 순기능적 신념으로 바꿔나갈 수 있을까요?

박재연 바꾸는 게 쉽진 않아요. 스키마는 말랑말랑한 찰흙 수준이었다가 나이가 들수록 점차 굳어지는데 스무 살이 되면 대리석 수준이 돼요. 얼음이 겹겹이 쌓인 이 거대한 빙하 덩어리를 어떻게 깨부숴야 할까요? 손으로 아무리 내리쳐도 빙하는 깨지지 않아요. 내 손만 아프죠. 이 빙하 덩어리를 깨부수는 방법은 바로 따뜻함으로 녹이는 거예요. '나한테 이런 신념이 있었구나' 하고 인정하는 순간 슬픔이 밀려오기도 하는데, 이것을 애도 과정이라고 합니다.

나의 어떤 신념이 나를 힘들게 했는지 들여다보고, 눈물이 나면 울기도 하고, 좋은 상담사를 만나 자기의 힘든 마음을 털어놓기도 하면서 흘려보내는 거예요. 그러고 나면 마음의 빈 공간에 새로운 것을 채워 넣어야 하는데, 그것이 바로 자기와의 대화예요. '삶에서 내가 가장 중요하게 생각하는 게 뭐지? 공허함을 채우기 위해 뭘 할 수 있지? 내가 나 자신을 위해 해줄 수 있는 일은 뭐지? 내 마음의 빈 곳을 채우기 위해 내가 타인에게 부탁하고 싶은 건 뭐지?' 이렇게 자기에게 물어보며 그 답을 찾아가는 거예요.

우리 안에는 건강한 어른이 살고 있는데, 이 건강한 어른이 해주는 말들로 빈 곳을 채우는 거예요. 자기와의 대화를 통해 건강하게 세상을 살고 행동할 수 있도록 건강한 어른의 목소리를 다시 잘 양육하면 어느 순간 이 목소리가 커지면서 나를 다스릴 수 있는 건강한 어른이 내 안에 생기는 거예요. 내 몸 안에는 여러 개의 자아가 살아요. 세상에 혼자 남겨질까 봐 불안해하는 자아도 있고, 그런 자아를 보호하려고 센 척하는 자아도 있고, 내가 어떻게 행동하는 게 건강한지를 알려주는 자아도 있죠.

우리의 최종 목표는 새롭게 나를 발견하고 내 안의 건강한 어른과의 대화를 훈련함으로써 세상 밖으로 나왔을 때 타인에게 아주 작은 부탁을 할 수 있도록 하는 거예요. "선생님, 저 커피 한 잔만 주시겠어요?", "선생님, 너무 추운데 문 좀 닫아주실 수 있어요?" 등등 누구나 쉽게 들어줄 수 있는 부탁, 내 삶을 만족시키고 내가 원하는 걸 충족시키기 위한 작은 부탁부터 해보는 거예요. '대화'라고 하면 흔히 상호적 대화를 떠올리지만 사실 더 중요한 것은 내 안의 나와 나누는 대화예요.

최설민 버려질까 봐 두려워하는 스키마가 강하게 작동하는 사람은 관계를 망칠까 봐 타인에게 작은 부탁을 하는 것조차 힘들 수밖에 없겠네요. 그래서 이런 훈련을 통해 자신의 스키마를 알고 인정하고 흘려보내고, 그런 다음 이 빈 곳에 건강한 순기능적 스키마를 채워 넣는 거군요. 이런 역기능적 스키마를 건강한 스키마로 바꿀 수 있는 구체적인 연습 방법은 어떤 게 있을까요?

박재연 건강한 어른으로서 자신에게 한번 물어보는 거예요. '혼자 남겨진다는 게 과연 어떤 걸까? 혼자 남겨지지 않을 수 있을까?' 그런데 가만히 생각해 보면 인생은 혼자 걸어가는 삶 가운데 누군가를 만나고 헤어지는 일의 반복이에요. 제 인생만 봐도 예전에 만났던 사람 중에 지금 만나지 않는 사람도 있고, 정말 만나지 않을 거라고 생각한 사람과 관계를 맺기도 해요. 그러니까 인생은 버려지고 남겨지는 문제가 아니라, 만나고 헤어짐의 과정이라고 생각을 조금씩 바꿔 보는 거예요.

세상에 외롭지 않은 사람이 있나요? 없죠. 모두 외로움을 가지고 있지만 누군가를 만나면 그 시간 동안은 외롭지 않고 행복해요. 그러다가 혼자가 되면 다시 외로움이 느껴지는데, 그렇더라도 또 내일을 기대해 보는 거죠. '내일은 또 내 삶에 어떤 인연이 찾아올까?' 저는 이런 반복이 바로 인생이라고 생각해요.

버려질까 봐 두려워하는 사람이 곁에 있다면 이런 대화를 나눠보세요. '인생이 뭘까? 혼자 남겨진다는 게 항상 두려운 일일까?' 이런 질문을 던지며 서로의 생각과 기억을 꺼내보는 거예요. 인생은 버려진다, 버려지지 않는다의 관점이 아니에요. 버려졌다는 기억의 기원을 찾아 함께 손잡고 여행을 떠나보는 거예요. 언제가 그 최초의 기억이었는지, 그 순간 의미 있는 사람은 누구였는지, 혼자 남겨질 때 어떤 마음이었는지 함께 이야기를 나눠보는 거예요.

최설민 소장님의 말씀을 들으니 가슴이 뭉클해지면서 인생과 관계에 대해 새롭게 생각해 보게 될 것 같습니다.

박재연 예민하다는 말은 곧 '내가 일상생활을 하는 데 조금 불편함이 있다'는 것을 감지하는 기준이라고 봐요. 스스로 불편함이 느껴진다면 세상을 살아가면서 내가 어떤 신념을 가지고 있는지 한번쯤 살펴보는 것도 좋을 것 같아요. 그리고 기억 속 그 신념이 생겨나던 때의 나를 만나 얼마나 힘들었는지 알아주고 위로해 주는 거예요. 보통은 그런 시도 자체를 무척 두려워하는데, 제 경험상 이 과정을 거치고 나면 아주 많이 자유로워져요. 그러면서 드디어 타인한테 작은 부탁을 할 수 있는 용기를 갖게 되죠.

알아서 해주기를 바라는 것도 폭력이다

최설민 타인한테 작은 부탁이라도 해볼 수 있는 용기가 생겼다면 구체적으로 어떻게 대화를 시도하는 게 좋을까요?

박재연 부탁하는 대화를 시도할 때는 한 가지 유의해야 할 게 있어요. 예민하고 상처를 많이 받고, 또 일상생활을 건강하게 하지 못한다는 생각이 큰 사람일수록 부탁하는 대화를 시도할 때 가장 심각한 대상, 가장 어려운 대상을 떠올려요. 그러면서 대화도 힘들고 부탁하는 건 더더욱 어렵다고 생각하는데, 당연하죠. 대화를 연습할 때는 먼저 카페 직원, 아파트 경비 아저씨처럼 주기적으로 만나지만 나와 인생을 나누진 않는 사람을 대상으로 하는 게 좋아요.

이런 분들에게 쉽게 들어줄 수 있는 부탁부터 해보는 거예요. "냅킨이 필요한데 좀 가져다주시겠어요?" 하는 식으로 내가 원하는 것을 가볍게 부탁하는 대화를 해보는 거예요. 사람들에게 부탁을 잘하느냐고 물어보면, 대개가 부탁을 잘 안 한다고 대답해요. 가장 큰 이유가 기브 앤 테이크, 즉 사회적 부채감 때문이라고 말합니다. 그러다 보면 결국 부탁이 습관이 되지 않아요. 그냥 혼자 하거나 상대가 알아서 해주면 좋고 안 해주면 욕하는 식이죠.

최설민 실제로 제 주변에도 “그 정도는 말하지 않아도 알아서 해줘야 하는 거 아니야?”라고 말하는 사람들이 있습니다. 특히 연인이나 가족이나 친구처럼 가까운 관계일수록 “당신이 나를 사랑하면 말하지 않아도 그 정도는 알아서 해줘야 하는 거 아니야?”라는 말을 쉽게 하죠.

박재연 맞아요. 그런데 사실 말하지 않으면 몰라요. 나 자신이 뭘 필요로 하는지도 잘 모르는데 하물며 타인이 어떻게 알겠어요. 내가 뭘 필요로 하는지 표현하지도 않고는 상대방이 알아서, 그것도 아주 구체적으로 잘해주기를 바란다는 건 일종의 폭력이에요. 원하는 게 있으면 구체적으로 말해보는 거예요. “자기야, 맛있는 게 먹고 싶은데 조금 피곤하기도 하니까 오늘은 우리 밖에 나가서 먹으면 어떨까?” 설령 상대방이 싫다고 말할지라도, 말조차 해보지 않고 지레 포기하기보다는 가능성을 열어두고 일단 말해보는 게 아주 중요한 도전이에요. 이런 도전은 단발성으로 그치지 않고 매일 꾸준히 연습하는 게 중요해요.

더 나아가 요청은 내 욕구를 채우기 위한 일차적인 것도 있지만 더 깊은 요청은 상대방의 욕구를 채워주기 위한 부탁이에요. "자기야, 내가 오늘 뭘 해주면 당신이 행복할까?" 서로 사랑하는 소중한 관계에서는 상대방에게 뭐가 필요한지 물어보는 것도 하나의 요청이에요. 가까운 사이에서는 이런 부탁이 상대방과 나의 관계를 더욱 깊게 만드는 역할을 해요.

최설민 내가 원하는 걸 부탁하는 게 아니라 상대방이 원하는 걸 해주기 위해 구체적으로 물어보는 것도 또 하나의 부탁이라고 할 수 있는 거군요. 기존에 가지고 있던 부탁의 틀이 완전히 깨지는 것 같습니다.

박재연 작은 부탁은 조금 불편하거나 서먹서먹한 관계를 회복하는 데도 활용할 수 있어요. 예를 들어 동료와 관계를 회복하고 싶다면 갑자기 무거운 부탁으로 오히려 짜증을 유발하기보다는 "너 지난번에 읽고 있던 그 책 나 하루만 빌려줄 수 있어?" 하는 식의 작은 부탁을 해보는 거예요. 그리고 하루 이틀 뒤에 책을 돌려주면서 "고맙다. 네 덕분에 좋은 책 읽었어"라고 한마디 덧붙이는 거죠.

그러면 상대방은 책 한 권 빌려줬을 뿐인데 고마워하는 나를 보고 자신이 뭔가 해준 것 같다는 생각에 기분이 좋아져요. 인간에게는 기본적으로 누군가에게 기여하고 도와주고 싶은 욕구가 내재해 있기 때문이에요. 결과적으로 나의 부탁 덕에 상대방의 기분이 좋아진 거예요. 그래서 불편한 관계를 회복하고 싶다면 상대방이 쉽게 해줄 수 있는 작은 부탁을 해보세요. 그리고 그에 대한 감사의 표현을 해보세요. 나의 마음속 불편함을 덜어내고 관계를 회복하는 훈련이에요.

최설민 보통은 서먹하거나 불편한 사람한테 뭔가를 부탁하는 것 자체가 불가능한 일이라고 생각하는데, 반대로 내가 아주 사소한 부탁을 함으로써 관계를 개선하고 회복하는 데 도움이 될 수 있다는 새로운 사실을 알게 되었습니다.

놀심의 한 줄로 배우는 심리학

* 내 안에 어떤 신념이 있는지 들여다보세요. 그 신념이 생길 때 얼마나 힘들고 슬펐는지 위로하고 흘려보내면 건강한 신념으로 다시 채울 수 있어요.
* 표현하지 않고 알아서 해주기를 바라는 건 일종의 폭력입니다. 작은 부탁부터 시도해 보세요.

뭘 해도 만만해 보이는 사람과 당당한 사람의 말버릇

김윤나 | 말마음연구소 소장

우리가 뭔가를 함께하고 싶은 사람은
나와 체중도 비슷하고 발도 열심히 굴러줌으로써
시소를 재미있게 같이 탈 수 있는 사람이에요.
서로를 위해 함께 노력하고 배려하는 사람이죠.
편안한 사람과는 시소를 탈 수 있지만
만만한 사람과는 시소를 타고 싶어 하지 않아요.

최설민 인간관계에서 가장 중요한 게 소통이라고 생각합니다. 또 소통을 위한 여러 가지 방법 중에서는 대화가 가장 우선이 아닐까 합니다. 그런데 내가 은연중에 반복해서 사용하는 말투로 인해 상대방이 오히려 나를 만만하게 보거나 얕잡아보는 경우가 있는 것 같습니다. 나도 모르게 무심코 사용하고 있는 나의 어떤 말버릇이 상대방이 나를 우습게 보게 만들까요?

김윤나 우선 '우습게 보인다, 만만하게 보인다'를 어떻게 정의하느냐에 따라 다르게 생각해 볼 수 있는데요, 저는 이것을 '말의 담장이 낮은 사람'이라고 정의해요. 예를 들어 상대방이 다른 사람한테는 잘 하지 않는 말을 나한테는 아무렇지 않게 던져버린다면 그건 곧 나의 말의 담장이 낮다는 걸 의미해요. 그렇게 사람들이 나를 상대로 아무 말이나 하도록 만드는 사람은 우습고 만만한 사람으로 평가받을 수 있다고 봅니다.

최설민 그러면 그렇게 평가받는 사람들의 말투에 어떤 특징이 있는지를 먼저 생각해 봐야겠네요. 그런데 사실 우리가 누군가와 단 몇 마디 나누고 '저 사람은 만만해 보여'라고 평가하지는 않잖아요? 만만해 보이는 인상을 주는 사람들의 특징이 분명히 있을 것 같아요.

김윤나 물론이죠. 어떤 특정 이야기가 반복되면서 그것이 그 사람의 패턴이나 경향성이나 삶의 이야기로 드러날 때 만만해 보이는 인상을 줄 수 있어요. 첫째는 "아, 저는 괜찮아요"라고 하는 말이에요. 대화를 나누다 보면 내가 분명 괜찮지 않은 상황이 있어요. 마음속으로 서운하기도 하고 속이 상하기도 하고 화가 날 때도 있죠. 그런데 내 마음이 진짜 괜찮은지, 안 괜찮은지 살피지도 않은 채 무조건 "저는 괜찮아요, 신경 쓰지 마세요"라고 습관적으로 말하는 거예요.

또는 상대방이 불편해하거나 분위기를 망칠까 봐 무조건 괜찮다고 말하기도 하죠. 그것을 일종의 배려라고 생각할 수 있는데, 내가 중심이 되어서 나의 마음을 확인하지도 않은 채 무조건 괜찮다고 말하는 것은 결코 배려가 아니에요. 무조건 괜찮다고 말하는 이런 습관이 나를 만만한 사람으로 보이게 하는 이유는 나의 선호, 나의 감정을 타인이 알아차릴 수 없기 때문이에요. 나의 선호와 감정을 정확하게 표현하지 않으면 상대방은 나에 대해 알 수가 없고, 그러면 말의 담장이 낮아져서 나를 상대로 아무 말이나 툭툭 쉽게 던지게 되는 거죠.

최설민 평소 내가 무조건 괜찮다고 말하는 사람인지, 아닌지 한번 진지하게 돌아볼 필요가 있겠군요.

김윤나 그렇죠. 둘째는 상대방이 "A가 있고, B가 있는데 넌 어떻게 생각해?"라고 물어봤을 때 의견을 말하지 않고 "글쎄요"라고 말하는 거예요. 가령 "나는 A는 이러이러하고, B는 저러저러하다고 생각해"라고 말해야 하는데 아무 의견도 없이 항상 애매한 대답을 하는 사람들이 있어요. 물론 거기에도 이유는 있죠. 이런 사람들은 자신이 어떤 의견을 내놓으면 '저 사람이 어떻게 생각할까? 혹시 원하는 답이 따로 있을까?' 하는 생각으로 마음이 불편하니까 항상 "글쎄요"라고 애매하게 대답하는 경우가 많아요. 그런데 A인지, B인지 내 의견을 밝히지 않으면 내 생각의 기준과 우선순위를 상대방이 알 길이 없고, 그러면 역시 말의 담장이 낮아질 수밖에 없어요.

셋째는 상대방이 뭔가를 부탁하거나 조언을 구할 때 "아, 제가 그걸 어떻게 하겠어요"라거나 "아, 제가 뭘 알겠어요"라고 말하는 거예요. 이런 말버릇은 겸손과는 전혀 다른 차원이에요. 배려와 마찬가지로 겸손 역시 기준이 나한테 있어야 해요. 내가 할 수 있는 것과 할 수 없는 것을 명확하게 가린 뒤 내 능력 밖의 일에 대해 정중하게 거절하는 것은 겸손이라고 할 수 있죠.

하지만 그런 고려 없이 무조건 "제가 뭘 알겠어요"라고 말하는 것은 나 스스로 내가 부족하다고 여김으로써 말의 담장을 낮춰버리는 거예요. 무조건 나를 낮추는 이런 말이 반복되면 그것이 마치 진실처럼 되어버린다는 게 문제예요.

경계를 명확히 하면 말의 담장이 높아진다

최설민 '저는 괜찮아요', '글쎄요', '제가 뭘 알겠어요'라는 말들을 습관적으로 사용해서 그것이 진실이 되어버리면 어떤 일이 일어날까요?

김윤나 첫 번째 문제는 경계가 없어진다는 점이에요. 인간관계에서는 경계가 아주 중요해요. '나'와 '너'가 공존하기 위해서는 서로 지켜야 할 저만의 고유 영역이 있어요. 상대방이 문을 열어주거나 초대할 때만 서로의 영역에 들어갈 수 있는 거죠. 그래야만 서로를 만만하게 여기지 않고 공존할 수 있어요. 그런데 앞에서 예로 든 세 가지 말을 습관적으로 사용하는 사람들은 이 경계가 없는 거예요.

국가 간에도 경계가 명확하지 않으면 서로 그 영역을 차지하기 위해 분쟁이 일어날 수밖에 없듯이 인간관계도 마찬가지예요. 뭐든 괜찮고, 뭐든 잘 모르겠고, 뭐든 자신 없어 하는 것은 자기를 지키는 경계가 없는 거예요. 경계가 없으면 아무나 쉽게 내 영역에 들어오게 되는 거고, 많은 사람이 내 영역에 들어오면 결국 나는 만만한 사람으로 평가받게 되는 거죠.

두 번째 문제는 만만하다는 것과 편안하다는 것은 다르다는 점이에요. 이를 시소 타기에 비유할 수 있어요. 시소를 재미있게 타려면 두 사람의 체급이 비슷해야 하고, 서로 바닥에 닿을 때마다 열심히 발을 굴러야 하죠. 체급도 다르고 한 사람이 발을 제대로 구르지도 않으면 나머지 한 사람은 흥미를 잃어 시소에서 내려버리고 말아요.

인간관계에서 만만한 사람은 협력자나 파트너로 생각하지 않아요. 같이 시소를 타고 싶지 않은 거죠. 우리가 뭔가를 함께하고 싶은 사람은 나와 체중도 비슷하고 발도 열심히 굴러줌으로써 시소를 재미있게 같이 탈 수 있는 사람이에요. 대화도 통화고 서로를 위해 함께 노력하고 배려하는 사람이죠. 편안한 사람과는 시소를 탈 수 있지만 만만한 사람과는 시소를 타고 싶어 하지 않아요. 그래서 만만하다고 평가받는 사람은 다 퍼주고 다 이해해 주면서도 결국 중요한 사람과 깊이 있게 관계 맺지 못하죠.

최설민 시소 타기에 비유해 설명해 주시니까 왜 만만하게 보이는 사람일수록 주변에 안 좋은 사람이 더 많은 것처럼 느껴지는지 이해할 수 있을 것 같습니다. 사람들이 나를 만만하게 보지 않게 하려면 어떤 노력이 필요할까요?

김윤나 일단 만만하게 보이는 말버릇 대신 그에 대응하는 표현을 배워야 해요. 예를 들어 거절을 못한다는 건 말의 기술이 부족해서뿐만 아니라, 내 마음 안에서 '거절하면 나를 싫어할지도 몰라. 내가 괜히 분위기 깨는 거 아냐?' 하는 생각이 일어나기 때문이에요. 나에 대한 확신이나 신뢰보다 주변의 눈치를 살피는 마음이 더 크게 작동하는 거죠.

거절은 말에서 시작된다기보다 내 마음 안의 시나리오에서 시작되기 때문에 생각의 전개도를 바꿀 필요가 있어요. '내가 거절할 수도 있지. 이해해 줄 거야. 서운해도 어쩔 수 없어'라고 생각을 바꾸면 말도 바뀔 수 있죠. 내가 생각을 바꿔 "제가 일정 먼저 확인해 볼게요"라고 말하면, 상대방도 "아, 그러세요!"라고 반응하면서 나의 마음과 나의 말과 인간관계가 유기적으로 변화하게 되는 거죠.

나는 나를 얼마나 이해하고 신뢰하는가

최설민 나의 생각과 말을 바꾸면 충분히 만만하지 않은 사람으로 바뀔 수 있다는 말씀이군요. 그러면 내 마음의 시나리오를 어떻게 바꿀 수 있을까요?

김윤나 대화를 건강하게 잘하려면 첫째, 내가 나를 얼마나 이해하고 신뢰하는가가 전제되어야 해요. 나에 대한 의심, 걱정, 불안, 자책, 수치심 등이 생길 때 시나리오가 전개되는데, 이 시나리오를 바꾸려면 내가 먼저 나를 신뢰해야 해요. 내가 나를 신뢰하면 타인에 대한 신뢰도 생기게 되죠.

나를 신뢰하는 첫 번째 방법은 나를 이해하는 감각이에요. 다양한 인간관계에 잘 대응하려면 내가 나를 잘 이해하는 게 우선이에요. 예를 들어 '나는 어떤 사람인가'에 대해 구체적으로 한번 써보는 거예요. 이때 '나는 아빠다', '나는 중년이다'라는 짧은 표현이 전부인 사람이 있는가 하면, '나는 빗소리를 듣기 좋아하는 사람이다'라는 식의 표현으로 A4 몇 장을 채우는 사람도 있어요. 이것은 곧 나에 대한 정보를 매우 다양한 범위에서 이해하고 있다는 의미예요.

이런 데이터가 많이 쌓이면 자기만의 경계와 기준이 명확해져서 누구에게든 나의 생각과 의견을 단호하게 전달할 수 있어요. 이제껏 그러지 못했던 건 나조차 나의 경계와 기준을 몰랐기 때문이에요. 예를 들어 친구가 갑자기 "너 오후에 시간 좀 내. 나랑 같이 쇼핑가자"라고 말했을 때 그 세 시간 동안 내가 뭘 하고 싶은지, 친구를 위해 그 시간을 쓰면 내가 어떨 것 같은지, 함께 쇼핑을 가지 않으면 그 시간 동안 나는 뭘 할 건지 등등 나에 대한 데이터가 많으면 대답을 주저할 일이 거의 없어요.

나에 대해 알고 있는 그 수많은 정보 중에는 빛과 그림자의 영역이 있어요. 동전의 양면처럼 빛나게 잘하는 부분이 있는가 하면, 부족한 부분도 있죠. 그런 나를 있는 그대로 받아주는 게 두 번째 방법이에요. 우리는 어려서부터 부족한 부분에 대해 많은 질타를 받으며 살아왔어요. 어른이 되고서는 또 그 부분 때문에 말을 잘 못하고 속을 끓이고 사람들에게 뒤통수를 맞는 문제가 생기는 거죠.

최설민 앞에서도 말씀하셨듯이 어려서부터 똑같은 비난과 질타의 말을 반복적으로 듣다 보면 그게 진실이 되어버려서 나도 똑같이 나 자신에게 그렇게 하게 되는 거네요. 그렇게 되지 않으려면 나만의 빛과 그림자를 있는 그대로 받아들여야 한다고 하셨는데, 그러기 위해서는 어떤 연습이 필요할까요?

김윤나 우선 내가 뭘 느끼는지 관심을 가져보는 거예요. 감정은 내가 나에 대해 알려주는 직접적이고도 강력한 정보죠. 감정을 느낀다는 건 내가 나에게 어떤 메시지를 보내는 거예요. 그 소리에 귀 기울이는 연습이 자기감을 세우면서 나만의 빛과 그림자를 받아주는 방법이에요.

예를 들어 내가 어떤 친구를 상대로 질투심이 생겨 그가 안 되길 바라는 마음이 들 때가 있어요. 그러면서 한편으로는 '내가 친구를 상대로 이런 마음을 가져도 되나?' 하는 자책감이 들죠. 하지만 그럴 필요 없어요. 누구나 그런 마음이 들 때가 있으니까요. 그냥 '질투할 수 있지. 내게 질투심이 생겼다면 다 그럴 만한 이유가 있을 거야'라고 나 자신에게 말해줘야 해요. 또 하나는 경계를 명확하게 하는 연습이 필요해요. 친구, 연인, 동료 등은 물론이고 가족 간에도 명확한 경계가 필요해요.

최설민　나 자신을 이해하고 있는 그대로의 나를 받아들이는 연습을 했다면, 이제는 나를 만만하게 보는 사람을 상대로 어떻게 현명하게 경계를 세울 수 있을까요?

김윤나　첫째는 어른답게 대화하는 거예요. 그러려면 감정의 적정선을 잘 타야 하죠. 특히 불편한 감정을 느꼈을 때 도망가거나 버럭 내지르는 게 아니라 차분한 어조로 "나 좀 불편해", "그 말 들으니까 좀 서운한걸", "그 말은 좀 민망한데?"라는 식으로 말하는 연습을 하는 거예요.

둘째는 내가 원하는 것을 말하는 거예요. 예를 들어 친구의 부탁을 거절해야 하는 상황일 때 상대방을 비난하는 표현이 아니라 내가 원하는 것을 명확하게 말하는 거예요. 우리는 마음이 불편해지면 쉽게 상대방을 비난하는 데 에너지를 써요. 그래서 "너는 내 상황 다 알면서 무슨 그런 부탁을 하니? 사람 민망하게!"라고 말하기보다는 "내가 그 시간에 가족들과 좋은 시간을 보내고 싶거든. 이해해줘"라고 말하는 거예요.

셋째는 질문을 던지는 거예요. 예를 들어 상대방이 나한테 뭔가를 좀 해달라고 하면 수동적으로 "아, 네!"라고 하는 게 아니라 "저한테 어떤 역할을 기대하시는 걸까요?", "제가 어떤 부분을 해내기를 원하세요?", "제가 A를 하면 혹시 B 부분을 도와주실 수 있으세요?"라고 질문함으로써 상대방이 처리할 수 있도록 하는 거죠.

최설민 말씀하신 대로 감정과 욕구와 질문을 잘 섞어 쓰면 더 이상 사람들이 나를 만만하게 보지 못할 것 같아요. 말의 담장이 낮아서 주변으로부터 만만해 보인다는 평가를 받는 사람들에게 어떤 말씀을 해주실 수 있을까요?

김윤나 안전하고 편안한 사람이 되는 게 아주 중요해요. 우리는 누구나 그런 사람 곁에 있고 싶어 하거든요. 만만하다는 것은 편안하거나 유연한 것과는 다르죠. 편안하고 유연하다는 것은 나만의 경계가 명확하고 나 자신을 이해하고 신뢰하는 사람이에요. 그런 사람은 무한히 뻗어나갈 수 있어요. 돌아올 곳을 알기 때문이에요. 반면에 내 것이 정리되지 않은 사람은 그렇게 하기가 어려워요. 관계 속에서 건강한 말의 담장을 만들고 싶다면 먼저 내 것 정리부터 잘하고 대화하면 좋겠습니다.

놀심의 한 줄로 배우는 심리학

- ⋆ 생각이 바뀌면 말도 바뀝니다. 마음의 시나리오를 바꾸는 연습부터 해보세요. 말의 담장이 높아지면 누구도 함부로 하지 못합니다.
- ⋆ 나만의 경계를 명확하게 하고, 나를 이해하고 신뢰한 뒤 타인을 신뢰하세요. 그러면 만만한 사람이 아니라 편안한 사람이 될 수 있습니다.

CHAPTER 2

내 마음을 내가 지키는 법

나를 만만하게 여기는 사람이 있다면
똑 부러지게 대응하는 게 중요합니다.
그리고 다시는 만만하게 여기지 않도록
자신을 단련하는 일이 필요하겠지요.
몸의 근육을 키우듯, 마음 근육을 키워
매력적인 사람이 되는 법을 알아봅시다.

나의 가치를 지키는 우아하고 건강한 대화의 기술

박재연 | 리플러스인간연구소 소장

사랑하는 사람을 위해 모든 걸 바치면 이 사람이
언젠가 내 사랑을 알아주고, 보상을 주리라 생각하죠.
하지만 대가는 돌아오지 않고 계속해서 더 많은 것을 요구하면
그때는 관계를 건강하게 끊어내는 대화의 기술이 필요합니다.
내 인생의 전부라고 생각했지만, 객관적으로 들여다보면
전혀 건강하지 않은 관계일 수도 있어요.

최설민 주변을 보면 나만 피해자이고, 사람들이 나를 만만하게 여긴다고 생각하는 사람들이 많은 것 같습니다. 이런 생각을 갖고 있는 사람들의 곁에는 왜 그렇게 나쁜 사람들밖에 없는 건지 궁금합니다.

박재연 내가 누군가로부터 폭행을 당했다면 그건 확실한 피해자가 맞아요. 문제는 이걸 어떻게 해결하느냐는 거예요.

상대방이 내게 적절한 사과와 피해보상을 해주어야만 나의 고통이 치유될 것 같은데, 상대방이 그렇게 하지 않으면 어떻게 해야 할까요? 상대방이 내게 사과해야만 내 분한 마음이 해결된다고 생각하면, 나는 내 감정의 열쇠를 상대방한테 넘기고 나를 치유해달라고 하는 거죠. 그런데 상대방이 계속 도망 다니면 나는 그가 쥐고 있는 내 감정의 열쇠를 찾기 위해 계속 그를 쫓아가야 해요.

저는 어린 시절을 학대 가정에서 자랐어요. 부모님이 따로 사셨는데 아버지, 오빠와 함께 살면서 제 역할은 아버지의 화풀이 대상이었어요. 집에 기계가 망가진 적이 있었는데, 아버지가 누가 그랬느냐고 추궁하니까 저도 모르게 제가 그랬다고 했어요. 그러지 않으면 오빠가 심하게 야단맞을 것 같았어요. 어느 순간부터 가정의 항상성을 유지하기 위해 제가 그 역할을 했던 거죠. 어른이 되고 아이를 키우다 보니 어릴 때 그 사건들이 계속 떠오르는 거예요. 밝게 웃고 떠드는 10대 아이들의 모습을 보면 알 수 없는 감정이 올라왔어요. 왜 나에게는 저런 기억이 없지? 왜 나는 저 시절에 아버지 기분을 살피면서 눈치를 봐야만 했지? 그러면서 끊임없이 아버지에 대한 분노와 원망이 올라와서 몇 년 동안 아버지를 보지 않았어요.

그 무렵 제 선생님께서 이런 말씀을 하셨어요. "어떤 자극이 오더라도 자기가 느끼는 감정에 대한 책임은 자기 자신에게 있다." 상대방이 내게 어떤 자극적인 행동을 보이더라도 그때 느끼는 감정에 대한 책임은 나한테 있다는 거예요. 상대방이 잘못했는데 내 책임이라니 이게 무슨 궤변인가 싶어 받아들이기가 어려웠죠. 선생님께 내 감정을 내 책임으로 받아들이려면 내가 어디에 집중해야 하는지 물었어요. 그동안 나는 나를 아프게 했던 내 아버지에게만 집중하고 있었던 거예요.

선생님께서 그 당시 내게 중요했던 게 뭔지 물었어요. 생각해 보니 그 당시 제게 중요했던 건 돌봄과 사랑, 신체적 안전과 정서적 안정이었고, 이 네 가지 욕구가 제 삶에서 완전히 빠져 있었던 거죠. 그런 제 삶을 생각하니까, 아버지를 향해 있던 원망과 비난의 마음이 온전히 내게로 집중되면서 너무 슬퍼서 눈물이 나는 거예요. 선생님께서 제게 지금이라도 그런 욕구를 충족하기 위해 뭘 할 수 있느냐고 물었어요. 완전하지는 않지만 제 삶을 채울 수 있는 것들이 하나씩 떠오르기 시작했죠.

그중 하나가 내 아이에게는 그런 욕구를 충족시켜주는 엄마가 되어야겠다는 결심이었어요. 그리고 저녁에 세수하고 거울을 보면서 나 자신에게 "너 오늘 참 수고했어. 잘 살았어"라고 한마디 해주는 거예요. 내 삶을 돌보는 이런 작은 노력들이 상대방이 내게 뭔가 해줘야만 해결될 거라고 생각하며 건넸던 내 감정의 열쇠를 되찾아 오는 방법이라는 걸 알게 되었어요. 아버지가 더 이상 내게 사과하지 않아도, 누군가 내게 뭔가를 해주지 않아도 괜찮을 수 있다는 걸 발견한 거죠.

누군가 미워서 견딜 수 없을 때 우아하게 멀어지는 법

최설민 부모님이든 혹은 다른 누구든 나한테 상처를 주고 사라져버리는 경우가 대부분이잖아요. 그러면 나는 평생 그 상처를 안고 살아갈 수밖에 없고요. 그런데 소장님의 말씀을 듣다 보니 그런 수동적인 삶에서 내가 나를 위로하는 능동적인 삶으로 바뀌어야 한다는 생각이 들어요.

박재연 맞아요. 그런데 사실 이런 말이 무척 조심스러워요. '네가 안 당해봐서 모른다, 그런 이론적인 말은 누구나 할 수 있다'라는 식의 피드백이 많거든요. 맞는 말이에요. 누군가로부터 상처받아 그 괴로움이 크면 클수록 제가 하는 이런 말들을 흡수하기보다 튕겨내거든요. 저도 그랬으니까요. 그런 분들에게 이렇게 말해주고 싶어요. 그 억울함을 기억하라고. 미화할 필요도 없고, 상대방을 이해할 필요도 없다고. 단지 그때의 부당함과 억울함과 괴로움과 고통 아래에 있는 나의 좌절된 욕구, 나의 가치를 발견해내라고요.

최설민 상대방이 아니라 나에게서 능동적 삶으로의 변화를 찾아내는 거군요. 상대방이 잘못한 건 맞지만 그를 비난하는 데 집중하기보다 그의 행동으로 인해 상실된 나의 욕구, 나의 가치를 찾아내는 데 집중하라는 거네요.

박재연 맞아요. 상대방의 행동으로 인해 내가 느낀 그 아픔 속으로 한번 들어가보는 거예요. 그 안에는 내 삶에서 사라져버린 정말 중요한 나만의 욕구와 가치가 있어요. 나에게 함부로 대하고 아무렇지 않게 비난 섞인 말을 하는 반복된 생활 속에서 잃어버렸던 나의 욕구는 '존중'이죠. 또 누가 나를 따돌려 내가 정말 괴로웠다면 그 안에서 내가 잃어버린 욕구와 가치는 '연결'일 거예요. 그 존중과 연결에 집중해 보는 거예요. 상대방에게서 사과받으면 가장 좋겠지만 대개 그렇지 못하니까 나의 그 욕구를 충족시킬 수 있는 다른 방식을 탐색하는 거죠.

그리고 그 욕구를 충족시키는 데 도움을 주는 사람이 있다는 걸 믿어보는 거예요. 제 경우에는 아버지가 저를 심하게 야단치거나 때릴 때 주인집에서 일하던 할머니께서 소리를 듣고 달려와 저를 안아주시곤 했어요. 사랑과 안전이라는 욕구가 좌절되는 동시에 충족되는 경험을 한 거죠. 그것이 타인에 대한 신뢰이고 지금까지 내 삶을 잘 이끌어올 수 있었던 감사한 기억이에요.

고통이 크면 클수록 내 삶을 충족시킨 아름다운 기억들은 잘 떠오르지 않아요. 천천히 치유의 과정을 겪다 보면 그 고통의 순간에도 내 곁에 있어 주었던 사람, 그 상황 속에서도 잠시 내가 숨을 쉴 수 있었던 기억들이 떠올라요. 깊은 수렁 속에서도 빛나는 순간들이 있었던 거죠. 설령 그게 없다면 잃어버린 나의 욕구를 충족시킬 수 있는 구체적인 방법을 이제부터라도 하나씩 생각해 보는 거예요.

흔히 대화를 잘한다는 걸 설득력이 뛰어나거나 세련되게 말을 잘하는 거라고 생각하지만 진짜 대화를 잘하는 사람에게는 몇 가지 특징이 있어요. 첫째, 내 감정의 원인을 타인에게서 찾지 않고 내 욕구에서 찾아요. 둘째, 내 요청을 타인이 거절할 권리가 있다는 걸 인정해요. 셋째, 내 안에 있는 더 깊은 욕구에 머무를 수 있는 능력이 매우 뛰어나요.

이들이 갈등과 문제를 해결하는 방식은 세련되게 말하거나 상대방을 조정하는 게 아니라 솔직하게 말하는 거예요. 예를 들어 "친구야, 내가 너한테 이런 말을 하면 네가 거북스러울 수 있을까 봐 조금 겁이 나. 하지만 너랑 더 잘 지내고 싶은 마음이 있기 때문에 너한테 부탁의 말을 좀 하고 싶어"라고 말하는 거예요. 여기서 '너랑 더 잘 지내고 싶은 마음'이 바로 나의 욕구죠.

최설민 내가 지금 느끼는 감정에 속는 게 아니라 그 감정의 원인인 나의 진짜 욕구를 찾는 거군요.

박재연 맞아요. 욕구에 기반한 대화가 건강한 대화예요. 가령 "너 이기적으로 살지 마!"가 아니라 "나도 존중받고 싶어서 그래"라고 말하고, "너만 안다고 생각하지 마!"가 아니라 "나도 내 얘기를 좀 하고 싶어서 그래"라고 말하는 거예요. 생각의 관점이 서로 다를 수는 있지만 서로의 욕구는 충분히 이해할 만한 수준이거든요. 예를 들어 "내가 무시당했어"라는 말에는 동의하기 어려워도, "제가 존중이 좀 필요해요"라는 말에는 동의할 수 있잖아요.

바로 이런 부분을 찾는 게 건강한 대화예요. 그러기 위해서는 자신이 피해자라는 생각을 잠깐 내려놓아야 해요. 그게 꽤 힘들고 거북스러운 과정일 수 있는데, 사실 우리 모두는 자기가 피해자라는 생각을 많이 해요. 역설적이게도 내가 피해자라는 생각을 하면 할수록 나의 욕구를 찾기가 어려워져요. 내가 피해자라는 생각을 잠깐 내려놓고 그때 내가 중요하게 생각했던 게 뭔지, 상대방에게 부탁하고 싶은 게 뭔지를 찾아나가는 여정이 대화 훈련의 핵심이에요.

‘No’라고 진심을 말하는 게 나을 때도 많다

최설민 관계 속에서 살다 보면 거절하지 못해 어쩔 수 없이 누군가의 부탁을 들어주게 되고, 그런 일이 반복되다 보면 내가 만만하게 보이는 것 같아 속상한 경우가 많잖아요. 관계에서 거절을 잘하는 게 왜 중요할까요?

박재연 거절을 잘 못한다는 건 ‘Yes’라고 말하는 상황이 많다는 뜻이죠. 누가 나한테 뭔가를 요청했을 때 속마음은 ‘No’라고 말하고 싶은데 겉으로는 ‘Yes’라고 말해요. 그러면 요청을 들어주는 내내 짜증이 나고, 속으로 상대방을 욕하기도 하죠. '왜 나한테 만날 이런 걸 부탁하는 거야? 내가 그렇게 만만해?' 그러면서 또 같은 상황에 놓이면 여전히 거절하지 못해요. 그런데 부탁하는 사람의 입장에서 한번 생각해 봐요. 상대방이 어떤 마음으로 내 부탁을 들어주겠다고 하는지를 알면 때로는 그 부탁을 없었던 일로 하고 싶어져요. 부탁하는 사람은 상대방의 'Yes'가 진심이기를 바라기 때문이에요.

이런 사례가 있어요. 팀장이 한 직원에게 내장탕 좋아하냐고 물어봤어요. 이 물음은 '내장탕을 좋아하면 나랑 같이 먹을래?'라는 요청이죠. 그런데 그 직원은 평소 내장탕을 싫어했지만 관계를 위해 그냥 "아, 예"라고 한 거예요. 문제는 팀장이 내장탕이 먹고 싶을 때마다 "내가 내장탕 사줄게. 가자!"라고 한 거예요. 이 직원은 왜 'No'라고 말하지 못했을까요? 지금까지 계속 진심과 다르게 거짓말을 했기 때문이에요. '먹을 것도 많은데 굳이 이렇게 동물의 장기를 먹어야 하나?'라고 생각하면서 내장탕을 먹었던 거죠.

팀장이 직원의 그런 진짜 속마음을 읽었다면 어떤 생각이 들까요? 좋아하느냐고 물어봤을 때 좋다고 해놓고는 나를 미개한 사람 취급하면서 내가 사주는 내장탕을 먹고 있는 직원을 상대로 팀장은 상처받을 수 있죠. 처음 팀장이 물어봤을 때 “팀장님 오늘 내장탕 드시고 싶으세요? 저는 별로 좋아하진 않지만 오늘 한번 먹죠!”라고 말했다면 어땠을까요? 팀장이 내장탕이 먹고 싶을 때마다 이 직원에게 함께 가자고 요청하는 일은 없었을 거예요. ‘Yes’인지 ‘No’인지를 명확하게 말하는 건 때때로 관계에 도움이 됩니다.

최설민 그런데 상대방의 요청을 계속 거절하다 보면 인간관계가 나빠질 수도 있지 않을까요?

박재연 그래서 거절을 잘하는 게 중요한데, 먼저 대안이 있어야 해요. 예를 들어 부부가 있어요. 남편이 아내에게 밀려 있는 설거지를 하면 좋겠다고 요청했어요. 그런데 아내가 설거지가 하기 싫은 거예요. 이때 대안이 있다면 일단 요청한 사람의 욕구를 깊이 읽어주는 거예요. “당신은 집이 좀 깨끗해지기를 바라는 거구나”라고 남편의 욕구를 이해해주는 거예요. 그러면 남편은 아내가 자기의 욕구를 이해했다고 생각해요.

하지만 아내는 마음속으로 ‘No’를 생각하고 있으니까 이런 대안을 제시하는 거예요. “그럼 설거지는 내일하고 오늘은 빨래만 개는 건 어떨까? 아니면 설거지는 당신이 하고 내가 청소기를 돌리는 건 어때?" 결국 'No'를 말하고 있는 것 같지만 전혀 달라요. 상대방의 요청을 들어주기 싫을 때 상대방의 욕구를 읽어주면서 내가 생각하는 대안을 제시하면 훨씬 풍요로운 거절이 돼요.

최설민 아무 대안이 없을 때는 어떻게 해야 할까요? 설거지도 하기 싫고 빨래도 개기 싫고 청소기도 돌리기 싫고, 정말 아무것도 안 하고 싶을 때가 있잖아요.

박재연 그럴 때는 내가 왜 아무것도 안 하고 싶은지 생각해보는 거예요. 아내는 오늘 너무 많은 일을 하느라 에너지를 다 써서 그저 쉬고 싶은 생각밖에 없는 거죠. 그럴 때는 서로의 욕구 먼저 말해보는 거예요. "당신은 집이 깨끗하기를 바라는 것 같은데, 나는 오늘은 정말 쉬고 싶어. 그런데 방법을 모르겠어. 어떻게 하면 좋을까?" 이렇게 서로의 욕구를 이해하고 절충하는 방법을 찾기 위해 논의하는 게 상호적 관계예요.

이런 방법이 통하지 않는 경우도 있어요. 자신의 욕구 충족이 최우선인 스키마가 있어요. 자기애가 굉장히 높은 사람이죠. 이런 유형의 사람들은 "네 욕구가 뭐가 중요해. 내가 필요하다면 그걸 따라야지"라고 말해요. 상호적인 관계가 되도록 노력했는데도 불구하고 내 거절이나 요청을 원천 차단하는 이런 사람과의 관계를 계속 유지하는 게 가치 있는 일인지 생각해 봐야 해요. 그것이 대인관계의 수명을 가늠하는 중요한 척도라고 생각해요.

최설민 관계 속에서 서로의 욕구를 알아주는 것도 중요하지만 그럼에도 상대방이 내 욕구를 무시할 때 과감하게 이 관계를 끊어낼 용기도 필요하다는 말씀이군요. 반면에 습관적으로 상대방의 요청을 들어주는 사람도 있는 것 같습니다.

박재연 그렇죠. 이런 타인 중심성 스키마의 메시지는 '복종'과 '자기희생'이에요. 이 둘은 에너지가 달라요. 복종은 불이익에 대한 두려움이 바탕이고, 자기희생은 상대방의 욕구를 들어주지 않으면 내가 나쁜 사람인 것 같은 죄책감이 바탕이에요. 복종이 흔히 위계질서가 강한 조직에서 작동한다면, 자기희생은 소중한 관계에서 주로 작동해요. 사랑하는 사람을 위해 내 모든 걸 바치고 그 사람의 욕구를 최우선으로 들어주면 이 사람이 내 사랑을 알아주겠지, 언젠가 이 사람도 나에게 뭔가를 주겠지라고 생각하는 거예요.

그런데 내가 복종하고 희생했는데도 대가는 돌아오지 않고 상대방이 계속해서 더 많은 것을 요구한다면 그때는 이 관계를 건강하게 끊어낼 수 있는 대화의 기술이 필요합니다. 내 인생의 전부라고 생각했지만 객관적으로 들여다보면 전혀 건강하지 않은 관계일 수도 있어요.

놀심의 한 줄로 배우는 심리학

* 상처를 준 사람을 미워하는 데 집중하기보다 내 아픔을 들여다보세요. 그곳에서 잃어버린 나의 욕구와 가치를 발견해 내세요.
* 'No'라고 말하는 걸 부담스러워하지 마세요. 솔직한 표현이 오히려 인간관계에 도움이 되기도 합니다.

마음 근육을 단단하게 하는 6가지 마인드 피트니스

유은정 | 서초좋은의원 원장,
굿이미지 심리치료센터 대표

스쳐 지나가는 온갖 생각들을 억지로 막을 수는 없어요.
생각이 너무 많은 게 문제라며 고민하는 사람들이 있는데
그것은 지극히 정상이에요.
다만 부정적인 생각들이 나의 머릿속에 둥지를 틀고
생각과 믿음과 감정의 핵심이 되도록 놓아두어서는 안 돼요.
부정적인 생각을 물리치는 마음의 핵심 근육을 단련하세요.

최설민 남녀노소를 불문하고 언젠가부터 우리 사회에서 '자존감'에 대한 이야기를 참 많이 해요. 그런데 저도 그렇듯이 자존감의 개념을 막연하게 혹은 두루뭉술하게 알고 있는 경우가 많아요. 선생님께서 생각하는 자존감의 개념은 구체적으로 어떤 건가요?

유은정 자존감은 먼저 내가 나를 어떻게 평가하느냐가 중요

해요. 그리고 여기서의 핵심은 단단한 마음의 근육입니다. 변동 없이 굳은 심지로 꾸준히 나아갈 수 있는 안정적인 마음이죠. 나 자신을 어떻게 생각하는가 하는 가치적인 부분도 중요하지만 나 자신을 긍정하는 게 더 중요해요. 나의 좋은 면만 인정하는 게 아니라 나의 모든 면을 있는 그대로 받아들이는 거예요.

그런데 많은 사람들이 자기 자신의 단점에만 집중하는 경우가 많아요. 자존감이 낮다는 게 단점으로 느껴질 수도 있지만 반면에 장점일 수도 있어요. 상대방에 대한 배려심이 깊어서 항상 이야기를 경청하고 눈치를 살피면서 분위기도 잘 맞추죠. 자존감에는 이렇게 동전의 양면처럼 장단점이 함께 존재해요.

최설민 자존감이 낮은 사람에게도 장점이 존재하듯이 자존감이 높은 사람에게도 단점이 있을 수 있는 거군요.

유은정 맞아요. 베이징사범대 심리학 대학원 류샹핑 교수의 저서 『자존감이라는 독』에도 나와 있듯이 자존감이 높은 사람의 단점은 안하무인이거나 자기만 옳다고 생각하거나 자신이 항상 무대의 주인공이고 싶어 하는 거예요. 그래서 자존감은 무조건 높은 것보다 외부의 자극에 일희일비하지 않는 견고한 안정성이 더 중요하다고 생각해요. 운동과 훈련을 통해 몸의 근육을 키우듯이 마음도 '마인드 피트니스'를 통해 단단하게 만드는 거죠.

어떤 상황에서든, 어떤 관계에서든 의도적으로 나에게 유리한 쪽으로 선택해 해석하거나 긍정화하지 않으면, 우리의 생각은 나에게 방해되거나 해로운 쪽으로 흘러가기 마련이에요. 그래서 의도적으로 마음의 근육을 키우는 행동과 노력이 필요해요. 예를 들어 내 머리 위로 날아가는 새를 막을 수는 없지만 그 새가 내 머리 위에 둥지를 틀지 못하게 막을 수는 있어요.

마찬가지로 내 머릿속에 스쳐 지나가는 온갖 생각들을 억지로 막을 수는 없어요. 생각이 너무 많은 게 문제라며 고민하는 사람들이 있는데 그것은 지극히 정상이에요. 다만 부정적인 생각들이 나의 머릿속에 둥지를 틀고 나의 생각과 믿음과 감정의 핵심이 되도록 놓아두어서는 안 돼요. 코어 근육이 강해야 우리 몸의 중심이 바로 서듯이 부정적인 생각을 바로잡아 줄 수 있는 마음의 핵심 근육이 필요한 거죠. 코어 운동처럼 마인드 피트니스로 얼마든지 단단하게 만들 수 있어요.

마음의 코어를 단단하게 하는 이로운 선택

최설민 선생님의 말씀을 듣고 보니 무조건 자존감이 높아야 한다는 기존의 생각에서 벗어나 지금 나의 머릿속을 지배하고 있는 생각의 핵심이 무엇인지를 살펴볼 필요가 있을 것 같습니다. 어떻게 하면 마음의 핵심 근육을 키울 수 있을까요?

유은정 건강하고 단단한 마음의 근육을 키우기 위한 첫 번째 방법은 '재충전'이에요. 충전해야 또다시 에너지를 쓸 수 있으니까요. 이때 충전할 수 있는 제3의 장소가 필요해요. 책임과 의무를 내려놓고 오롯이 나 혼자 쉴 수 있는 그런 곳이죠. 그런 공간을 찾기 어려운 여건이라면, 가령 스마트폰을 멀리하는 것도 하나의 방법이에요. 제가 진료실에서 환자들에게 권하는 방법이기도 한데, 잠자리에 들 때만이라도 제발 스마트폰을 서랍에 넣어두거나 다른 방에 두고 자라고 강력하게 권하죠.

최설민 저 같은 경우 산책하거나 운동할 때 스마트폰을 아예 가져가지 않는데, 이렇게 의도적으로 스마트폰을 멀리하고 혼자만의 시간을 갖는 것도 일종의 재충전이라고 볼 수 있겠군요. 그러면 마음 근육을 키우는 또 다른 방법으로는 어떤 게 있을까요?

유은정 작은 성취를 이루는 거예요. 거창한 목표를 세우고 그것을 이루려 전전긍긍하기보다는, 마치 게임 캐릭터를 키우듯이 작은 아이템들을 꾸준히 모아 능력을 키우는 거예요. 작은 아이템들이 쌓이면 자신을 조절하는 능력이 생겨서 자존감이 높아져요.

그런데 대개는 나에게 유리한 선택보다 해로운 선택을 하는 경우가 많아요. 시험 전날인데 이른 저녁부터 그냥 자버린다거나 중요한 미팅을 앞두고 폭음을 한다거나 도박, 음주 운전 등등 나에게 해로운 줄 알면서도 자기파괴적인 선택을 하도록 방치하는 거죠. 그래서 나에게 유리한 선택을 할 수 있도록 힘을 키우는 연습이 필요해요.

최설민 나에게 유리한 선택을 하고 매일 작은 성취를 쌓아가다 보면 자기조절 능력이 생기고 자존감이 높아져 자연스럽게 자기파괴적인 행동을 예방하는 효과도 생기는 거군요. 그렇다면 자존감의 안정성이 낮은 사람들은 어떻게 변화를 꾀할 수 있을까요?

유은정 예를 들어 다이어트를 해서 외모가 몰라보게 좋아졌지만 자존감이 그 외모의 변화를 따라잡지 못하는 경우가 있어요. 외모는 바뀌었는데 여전히 예전처럼 자신감 없는 모습을 보이는 거죠. 이것이 의미하는 건 우리에겐 외모가 전부가 아니라는 말이에요. 이런 사람들은 자기가 어떤 상태인지, 관계 속에서 어떻게 행동해야 하는지 몰라서 무척 힘들어해요. 대개는 나의 진짜 모습이 아니라 가짜 모습의 나를 연기하는 경우가 많아요.

제 병원에서 다이어트 클리닉을 함께하고 있는데, 환자 중에 금주를 해야 하는데도 계속 술을 드시는 분이 있었어요. 그 이유를 물어봤더니, 자기는 군중 속에서 오버하지 않으면 못 견디기 때문에 술의 힘을 빌린다는 거예요. 군중 속에서 진짜 자기의 모습이 아닌 가짜 모습으로 존재하고 있는 거죠. 자존감을 높이려면 진짜 자기의 모습을 찾고, 그 모습을 있는 그대로 타인에게 보여줄 수 있어야 해요.

또 하나는 자신이 가지고 있는 것에 집중하는 거예요. 사람들은 내가 가지고 있는 것보다 없는 것, 즉 나의 결핍에 더 초점을 맞추는 경향이 강해요. SNS가 발달한 요즘 시대에는 특히 더 그렇죠. 끊임없이 남들과 비교하게 되니까요. 시간이 되면 내가 가지고 있는 것들의 목록을 한번 작성해 보는 거예요. 취미, 성품, 직업, 부모님, 연인, 친구, 강아지, 고양이 등등 막상 작성하기 시작하면 내가 너무 많은 걸 가지고 있다는 사실에 스스로 놀랄 수 있어요.

잘 보이려는 마음이 관계를 망칠 수도 있다

최설민 자존감을 높이기 위해서는 '진짜 나'를 바라보고, 나의 결핍이 아닌 내가 가지고 있는 것에 집중해야 하는 거군요. 그런데 진짜 내 모습을 찾고 당당하게 그 모습을 드러내려면, 함께 있을 때 나도 모르게 가짜 모습을 연기하게 되는 사람과는 어울리지 말아야 할까요?

유은정 사실 그런 결정을 하면 내가 함께할 수 있는 사람이 거의 없어요. 일종의 자발적 고립이 되어버리는 거죠. 그보다는 나의 진짜 모습, 있는 그대로의 내 모습으로도 편안한 상태가 될 수 있도록 연습하기를 권해요. 심각할 정도로 스트레스를 받는다면 자기 보호 차원에서 거리를 두어야겠지만 그 정도가 아니라면 가능한 나를 사회에 노출시키는 연습이 필요해요.

최설민 그러면 잘 지내고 싶은 사람과 건강하게 관계를 맺기 위해서는 어떻게 해야 할까요?

유은정 사람과의 관계에서 내가 잘 지내고 싶은 건지, 잘 보이고 싶은 건지를 우선 구분해야 해요. 잘 보이고 싶은 사이라면 그것은 수직관계로 바뀌어요. 상대방에게 잘 보이고 싶은 생각이 클수록 상처도 잘 받고 오히려 잘 지낼 수 없게 돼요. 상대방에게 잘 보이고 싶은 마음이 크면 쩔쩔매고 하고 싶은 말도 잘 못하고 눈치를 보게 됨으로써 수직관계가 되어버리기 때문이에요.

누군가와 잘 지내고 싶다면 잘 보이고 싶은 마음을 내려놓아야 해요. 잘 보이려고 하는 마음이 관계를 망칠 수도 있어요. 그보다는 따로, 때때로는 또 같이하는 현명한 개인주의자가 되는 거예요. 그것이 내 것도 지키면서 우리가 더불어 잘 살아갈 수 있는 방법이에요. 쉽게 말해 '꼰대'가 되지 않는 거예요. 점점 '뭐야? 왜 저래?' 하는 생각이 늘어나고 상대방의 마음을 이해하지 못하면 그 순간 꼰대가 되는 거예요.

나의 선입견과 잣대를 들이대면 상대방이 예민해질 수 있기 때문에 나와 다르다는 것을 받아들이는 게 중요해요. 선입견 없이 있는 그대로를 받아들이면 상대방이 예민해질 이유가 없어요. 상대방이 예민한 사람이어서가 아니라 나의 선입견과 잣대가 그를 예민하게 만들 수 있다는 걸 이해하고 배려한다면 얼마든지 건강한 관계를 맺을 수 있어요.

놀심의 한 줄로 배우는 심리학

- 자존감이 높은 것보다 더 중요한 건 쉽게 흔들리지 않는 안정성이에요. 그러기 위해서는 몸의 근육을 키우듯이 마음의 근육도 키워야 합니다.
- 누군가와 잘 지내고 싶다면 잘 보이려 애쓰지 마세요. 잘 보이려 할수록 수직관계가 형성되어 오히려 관계를 망칠 수 있습니다.

숨은 빌런들에게 당하지 않는 쉽고 강한 방어 무기

김경일 | 아주대학교 심리학과 교수

나쁜 사람들한테 늘 당하는 사람들을 보면 안타깝게도
주위에 그런 사람들밖에 없는 경우가 아주 많아요.
새로운 분야의 공부를 하고 취미를 가지면서
자신에게 감탄하고 많이 칭찬해 주세요.
한층 성장하고 다변화된 삶을 사는 동시에
나쁜 관계를 막아낼 수 있는 강한 힘도 갖게 됩니다.

최설민 우리 주변에는 겉으로는 쉽게 드러나지 않지만 알고 보면 진짜 '악인'이라고 할 만큼 묘하게 주변 사람들에게 피해를 주는 '숨은 빌런'들이 있습니다. 그중에서도 가장 피해를 주는 대표적인 경우를 꼽는다면 어떤 유형의 사람들이 있을까요?

김경일 심리학에 보면 다크 트라이어드dark triad라고 해서 사회에 부정적인 영향을 미치는 세 가지 성격이 있습니다. 사이코패스, 나르시시즘(자기애), 마키아벨리즘인데요, 공감 능력이 없고, 자기애로 똘똘 뭉쳐 있고, 대상을 통제하고 조종하려는 성향의 사람들이죠. 이런 성향 중 하나의 특성을 강하게 가지고 있는 사람들이 주변에 부정적인 영향을 끼친다는 건 대개의 사람들이 이미 잘 알고 있어요.

그런데 문제는 '숨은 빌런'이라고 표현하셨듯이 이런 성향이지만 겉으로 잘 드러나지 않아 알아차리기가 힘들다는 것입니다. 먼저 사이코패스라고 하면 흔히 '잔혹한 살인마'를 떠올리죠. 이들의 중요한 특징 중 하나는 감정의 중간 단계가 생략되어 있다는 점입니다. 예를 들어 왜 사람을 해쳤는지 그 이유를 물어보면 "나는 안 주고 저만 먹잖아요"라고 말합니다.

최설민 놀랍게도 그런 이유로 사람을 해칠 수도 있군요. 보통사람들은 전혀 생각할 수 없는 의외의 이유에서 비롯된 행동이기 때문에 예측하거나 알아차리기가 어려운 거네요.

김경일 그렇죠. 지극히 정상적이고 평범한 사람이라면 약간 언짢거나 불쾌한 정도로 그칠 일이지만 사이코패스가 느끼는 부정적 감정은 다릅니다. 우리가 그런 상황일 때 보통 5~10 정도의 부정적 감정을 느낀다면, 사이코패스는 90~100의 부정적 감정을 느껴요. 그리고 아무렇지 않게 상대방을 해치고, 그 어떤 죄책감도 느끼지 않죠. 이들의 감정은 중간 단계가 없이 양극단을 오갑니다. 아주 기쁘거나 전혀 기쁘지 않거나 둘 중 하나인 것처럼 분노의 감정에서 이런 특징이 더 강하게 드러나죠.

그런 사람들은 화를 내는 걸로 문제를 해결하는 게 일종의 습관이에요. 그런데 그런 성향의 사람이 이러저러한 이유로 나에게 도움이 되는 친구라면 어떨까요? 나한테 도움이 된다는 이유로 관계를 끊지 못하고 그 친구의 화를 참고 견디다 보면 깊은 내상이 생길 수밖에 없어요. 암이라는 병이 어느 날 갑자기 한 방에 훅 찾아오는 게 아니라 장시간에 걸쳐 비정상적인 세포들이 증식하면서 우리 몸을 파괴하고 변형시키듯이, 그런 친구는 내 몸을 망가뜨리는 암 덩어리 같은 존재라고 할 수 있죠.

두 번째는 자기애가 강한 유형이에요. 예를 들어 다섯 명이 팀을 이뤄 프로젝트를 진행했는데 성과가 좋았다고 해봅시다. 이때 자존감이 높은 사람은 보통 이렇게 말합니다. "능력 있는 우리 팀원들이 함께 열심히 한 결과죠." 좋은 성과의 이유를 '협동'에 두는 거죠. 그런데 자기애가 심각한 사람은 이렇게 말합니다. "못난 네 명을 데리고 제가 이 일을 해내느라 엄청 힘들었네요." 자기 자신을 추켜세우는 것과 동시에 팀원들을 깎아내리기까지 하는 거죠.

최설민 좋은 성과를 낼 수 있었던 이유는 당연히 내가 잘했기 때문이고, 팀원들의 노력과 능력은 아예 무시해버리는 거네요.

김경일 그게 포인트예요. 연구 결과를 보면 자기애가 강한 사람들은 유년기에 부모가 과도하게 칭찬한 경우가 많아요. 어떤 행위에 따른 적절한 칭찬이 아니라 늘 과도하게 칭찬을 받은 아이들은 작은 행위에도 크게 평가받아야 한다는 생각을 갖게 되죠. 또 하나는 아이의 성과에 대해 있는 그대로 칭찬하지 않고 누군가와 비교 경쟁하며 칭찬하는 것입니다.

아이가 시험을 봤는데 100점을 받았다면 "네가 노력을 많이 해서 100점을 맞았구나!"라고 말해야 하죠. 그런데 "반에서 몇 명이나 100점 받았어? 너만 100점이야?"라고 물어

봅니다. 우리 애가 100점을 받아 기쁜 게 아니라, 다른 아이들을 모두 제치고 1등을 했다는 데 초점이 맞춰져 있는 거죠. 심지어 "네가 이번 시험에서 ○○이를 이겨서 엄마 아빠는 이제 원이 없다!"라고 말하는 부모들도 있어요. 부모들의 이런 사고는 아이의 사고를 왜곡시켜 자기애가 강한 아이로 만들죠.

세 번째는 마키아벨리즘 유형입니다. 이들은 주변 사람들을 자기 마음대로 조종하고 통제하려는 유형의 빌런들이죠. 소시오패스와 비슷한 측면이 있어요. 이들이 가지고 있는 의외의 측면은 영화 〈슈렉〉에 등장하는 '장화 신은 고양이' 같은 모습을 하고 상대방에게 계속 감탄을 쏟아낸다는 점입니다. 그렇게 함으로써 상대방의 인정 욕구를 자극해 그를 조종하는 거죠.

역사를 통해서도 알 수 있듯이 한 나라를 쥐락펴락하는 사람은 전장에 나가 싸우는 장수가 아니라 왕 옆에 딱 붙어 있는 간신들이에요. 특히 콤플렉스가 많은 사람에게 아낌없이 감탄을 퍼붓는 행위는 일종의 그 사람을 조종하기 위한 '별풍선' 같은 거죠. 사실 이런 유형의 숨은 빌런들에게서는 쉽게 벗어나기가 어려워요.

최설민 끊임없이 부정적으로 상대방을 매도하는 가스라이팅과 다르게 달콤한 말로 '잘한다, 잘한다' 하면서 감탄하는 행위를 지속하는 거네요. 그러면 그 달콤함에 속아 상대방이 나를 조종하기 위해 그런다는 걸 알아차리기가 정말 어려울 것 같습니다. 나에게 아주 친절하고 나보다 약자인 것처럼 굴지만 사실은 뒤에서 왕을 조정하는 간신과 다를 바 없는 거군요. 이런 대표적인 세 가지 유형의 사람들로부터 큰 상처를 받았다면 한편으로는 복수하고 싶은 마음이 들 수도 있을 텐데, 바람직한 복수 방법이 있을까요?

복수도 내 맘이 편해야 진짜 복수다

김경일 바람직한 복수 방법은 우리 모두 잘 알고 있죠. 나 스스로 강해지고 나 스스로 행복해지는 거잖아요. 그런데 그게 말처럼 쉽지 않죠. 이그노벨상을 받은 연구 중에 이런 사례가 있어요. 직장 상사가 나를 너무 괴롭혀서 힘들 때 그 상사를 상대로 직접 해를 가하지 못하니까 인형에다 상사 이름을 쓴 다음 송곳으로 그 인형을 막 찌르는 거예요. 조금 우습고 귀엽기도 한데 실제로 이런 행위가 스트레스 해소에 도움이 된다고 합니다.

그런데 복수의 효과를 극대화하기 위해 인형에 상사의 이름 대신 사진을 붙여놓고 찌른다면 어떻게 될까요? 매일 밤 악몽에 시달릴 수 있죠. 인형에 상사의 이름만 써놓고 찔렀을 때는 속이 후련했는데, 사진을 붙여놓고 찌르자 내 마음이 불편해졌다는 건 '정도'의 문제 때문입니다. 우리의 인생은 조명을 켜거나 끄기만 하는 스위치가 아니라 약한 것부터 강한 것까지 조절이 가능한 다이얼과 같아요. 복수도 마찬가지예요.

지극히 정상적이고 평범한 사람이라면 나의 복수가 과해서 상대방이 난처한 수준을 넘어섰을 때 당연히 마음이 불편해집니다. 양심과 죄책감이 있기 때문이죠. 정말 복수하고 싶다면, 어떻게 사소하게 복수해야 내 마음도 후련하고 부작용도 없을까를 생각해 봐야 합니다. 핵심은 복수를 하느냐, 안 하느냐가 아니라 적정선을 찾는 거예요. 복수의 수준이 과도하면 그에 따른 불편한 감정으로 인해 내가 2차 피해자가 되는 억울한 상황에 놓이기 때문이죠.

최설민 복수를 하기 위해 상대방에게 과도한 피해를 입히는 것 자체가 오히려 나를 해치는 결과를 초래할 수 있다고 이해해도 될까요?

김경일 맞아요. 어릴 때 친구가 나를 심하게 놀려서 주먹으로 한 대 쳤는데 피가 난 적이 있어요. 그 자책감이 오래갔죠. 내가 누군가를 때렸다는 사실이 결코 즐거운 기억이 아니거든요. 이런 기억을 평생 지우지 못하는 사람은 그냥 자포자기하게 돼요. 자기의 행위를 자기 스스로도 용서할 수 없는 거죠. 그렇기 때문에 스스로 자신의 행위가 괜찮다고 판단되는 정도, 즉 복수의 적정선을 잘 찾아야 하는 거죠.

나 자신에게 감탄할 일을 만들어라

최설민 세 가지 유형의 빌런들이 내 주변에 꼬이지 않도록 나의 격을 높일 수 있는 특별한 말이나 행동이 있을까요?

김경일 일단 예방이 필요하죠. 나쁜 사람들이 나를 이용하고 조롱하는 이유는 두 가지라고 볼 수 있어요. 마키아벨리즘 유형의 사람들을 예로 들어보죠. 그들이 내 곁에 꼬이는 첫째 이유는 내가 유능하기 때문이에요. 나의 능력을 뼛골까지 뽑아먹기 위해서죠. 또 하나는 내가 착하기 때문이에요. 아이러니하게도 착하고 유능한 사람들이 마키아벨리즘(혹은 소시오패스) 유형의 사람들에게 가장 많이 당합니다.

누구보다 이용 가치가 높아서죠.

그런데 착하고 유능한 데다 자기 자신에게 감탄하지 않는 사람들은 소시오패스나 마키아벨리즘 유형의 사람들에게 더더욱 취약합니다. 이들은 누군가 나에게 감탄을 쏟아내면 앞뒤 생각하지 않고 넘어가버려요. 소시오패스나 마키아벨리즘 유형의 사람들에게 아주 좋은 타깃이죠. 맘대로 쥐락펴락할 수 있으니까요.

사실 자신이 몸 담고 있는 분야에서는 타인의 감탄을 받을 일이 별로 없어요. 나만큼 열심히 하고 나만큼 유능한 사람들이 부지기수니까요. 하지만 전혀 다른 분야의 무언가를 배우거나 접하다 보면 스스로에게 감탄하는 순간들이 생기게 되죠. 악기 연주를 배우거나 그림을 그리거나 테니스를 치면서 지금까지 느껴보지 못한 뿌듯함이나 성취감을 느끼게 되고, 나 자신에게 감탄하게 되는 거죠. 자기 자신에게 적절하게 감탄할 줄 아는 사람은 타인의 감탄에 쉽게 현혹되지 않아요.

최설민 타인의 칭찬과 인정, 감탄에 현혹될 게 아니라 나 스스로 나를 인정하고 칭찬함으로써 내가 나에게 감탄하는 순간들이 많아지도록 해야 하는 거군요.

김경일 네. 그렇지 않으면 위험해져요. 특히 요즘 사람들은 외로움을 견디기 위해 나쁜 관계로 도피하는 경우가 많아요. 나쁜 관계란 바로 이런 유형의 악인들과 관계를 지속하는 거죠. 나쁜 사람들인 걸 알면서 왜 관계를 끊어내지 못할까요? 외롭기 때문이에요. 물론 혼자 고립된 삶을 살라는 이야기가 아닙니다. 자기 자신에게 감탄할 게 많은 사람은 악인들과 관계를 맺었다 하더라도 쉽게 빠져나올 수 있어요.

예를 들어 동창회나 어떤 모임에만 갔다 오면 늘 상처받고 불쾌한 감정에 휩싸이는 사람들이 있어요. 그런데도 계속 그 모임에 참석하는 이유는 뭘까요? 거기밖에 갈 데가 없기 때문이에요. 나쁜 사람들한테 늘 당하는 사람들을 보면 안타깝게도 주위에 그 사람들밖에 없는 경우가 아주 많아요. 그래서 자기 일과 상관없는 분야의 공부를 하고 취미를 가지면 한층 성장하고 다변화된 삶을 사는 동시에 나쁜 관계를 막아낼 수 있는 강한 힘도 갖게 되는 거죠.

최설민 내 일과 상관없는 전혀 다른 분야를 공부하거나 취미를 가지면 나 자신에게 감탄할 일이 많아져 타인의 달콤한 감탄에 쉽게 중독되지 않겠네요. 나쁜 관계에 휘둘리는 일도 예방할 수 있고, 또 내 삶의 지평도 더욱 넓힐 수 있는 아주 좋은 방법이라는 생각이 듭니다.

놀심의 한 줄로 배우는 심리학

- 복수는 마음이 후련할 정도로만 하세요. 마음이 불편해지는 복수는 오히려 나를 해치는 결과를 초래합니다.
- 나 자신에게 감탄할 일을 많이 만드세요. 그러면 타인의 달콤한 감탄사에 쉽게 현혹되지 않고 단단하게 나를 지킬 수 있습니다.

착한 사람이 아닌 매력적인 사람이 되어야 하는 이유

김혜령 | 상담심리사, 작가

내가 옳다는 걸 증명하느라 힘을 낭비하지 마세요.
사람들은 자신이 '옳은 사람'이고 싶어 하고,
서로 내가 옳다고 주장하다 보니 싸움이 일어날 수밖에 없죠.
사실 그것만 버려도 갈등은 일어나지 않아요.
관계는 서로의 생각을 확인하고 조율해 나가는 과정이지
무조건 내가 옳다는 걸 확인시키는 게 아니에요.

최설민 다른 사람들로부터 비난받는 걸 굉장히 두려워하는 사람들이 있어요. 물론 저 역시 그런 불안에서 자유롭진 않습니다. 선생님 책에 "내가 가진 그릇만큼 타인을 본다"는 말이 있는데, 구체적으로 어떤 의미인지요?

김혜령 우리는 누군가에 대해 이야기할 때 흔히 '그 사람 그릇이 크다 혹은 작다'고 표현해요. 그런데 여기서 '그릇'은 단지 크기만을 말하는 게 아니라 모양의 의미가 더 중요하다고 생각해요. 사람마다 그릇의 모양이 다르고 그 모양에 따라 안에 담기는 내용도 달라지기 때문이에요. 내가 마음에 어떤 걸 가지고 있느냐에 따라 보는 것도 달라져요. 그래서 타인을 보는 눈이 곧 자신을 보는 눈이에요. 자신에게 관대하지 않은 사람이 타인에게 관대할 수는 없어요.

그렇기 때문에 다른 사람이 나를 비난하는 걸 두려워할 필요가 없어요. 그들은 그들 마음속에 있는 대로 다른 사람을 판단하는 거니까요. 누군가가 나를 욕하고 비난했을 때 '사람들은 그냥 자기 그릇만큼 본다, 자기 안에 있는 대로 본다'라고 생각하면 '저 사람 마음 안에 어떤 아픔이나 결핍이 있구나' 하고 그냥 지나갈 수 있어요. 물론 욕먹는 게 당연히 기분이 나쁘지만 '저 사람이 나를 좋게 볼 수만은 없는 마음의 문제가 있구나. 저 사람도 사랑받고 싶구나'라고 생각하면 상대방에 대한 연민으로 상황을 끝낼 수 있어요.

최설민 정말 그렇게 바꿔 생각하면 욕을 먹거나 비난받았다고 해서 크게 화가 나거나 아프지 않고 마음이 한결 편안해질 것 같습니다. 우리가 타인에게 안정감을 주는 사람이 되려면 어떻게 해야 할까요?

김혜령 안정감에 가장 필요한 첫 번째 요소는 일관성이에요. 예를 들어 부모가 자녀들을 양육할 때 아이들에게 안정감을 주기 위해서는 일관성을 갖는 게 아주 중요하듯이 인간관계에서도 마찬가지예요. 수시로 이랬다저랬다 하면서 변동성이 강한 사람은 상대방에게 불안감을 줄 수밖에 없어요. 그러면 상대방은 당연히 안정감을 느끼기 힘들죠.

두 번째는 감정을 잘 다루는 거예요. 일관성과 연속선상의 이야기인데요, 내가 나의 감정을 잘 알고 충분히 다룰 수 있으면 변동이 심하지 않고 잔잔하게 흘러가요. 설령 분노가 폭발하거나 불안감이 올라오더라도 내가 나의 그런 감정을 잘 알고 다룰 수 있으면, 감정이 널뛰기하거나 변덕스러워 보일 일은 없는 거죠.

사실 가장 중요한 건 솔직함이라고 생각해요. 안정감과 살짝 모순된다고 느낄 수도 있어요. '솔직하게 느낀 대로 표현하다 보면 이랬다저랬다 하는 사람처럼 보일 수 있고, 그러면 안정적인 모습과는 거리가 멀어지는 거 아닌가?'라고 생각할 수도 있죠. 그런데 여기서 솔직하다는 건 바로 나 자신에게 솔직한 걸 의미해요. 내가 나에게 솔직할 때 다른 사람과의 진솔한 만남도 가능하거든요.

최설민 나 자신에게 솔직하다는 게 구체적으로 어떤 걸 의미하는 건가요?

김혜령 내 감정을 왜곡하지 않고 있는 그대로 보고, 내가 뭘 생각하는지 또는 내가 진짜로 원하는 게 뭔지를 잘 아는 거예요. 보통 사람들이 다른 사람에게 잘 보이고 싶어서 나 자신을 속이는 경우가 많아요. 예를 들어 속으로는 '나는 정말 돈이 많았으면 좋겠어'라고 생각하지만 있는 그대로 드러내면 세속적이고 없는 사람처럼 보일까 봐 절대 그런 사람이 아닌 척하는 거죠. 그러면서 자기 자신도 속여요.

'나는 돈이 많지 않아도 괜찮아'라고 하지만 그건 사실이 아니잖아요. 나 스스로 인정할 건 인정해야 하는 거죠. '지금 나에게는 돈이 많으면 좋겠다는 욕구가 있지' 하고 솔직하게 내 마음을 들여다보는 거예요. 다른 사람에게 어떻게 행동하느냐 하는 건 또 다른 문제이기 때문에 우선 나 자신에게 솔직하고, 나 자신을 잘 이해할 때 다른 사람과도 진솔하게 관계를 맺을 수 있어요.

나 자신에게 솔직하란 뜻이지, 그 솔직함을 타인에게 다 보여줄 필요는 없어요. 우리는 어쨌든 사회적으로 여러 개의 가면을 쓰고 살아가고, 그 가면은 일종의 예의 같은 거예요. 물론 그 가면이 너무 두꺼워서 나 자신을 속이는 수준이 되면 안 되겠지만 나의 민낯을 다 보여줘야 하는 것도 아니에요.

모두에게 좋은 사람이 되려고 애쓸 필요 없다

최설민 그러면 우리는 상대방에게 좋은 사람이 되기 위해 애써야 하는 건가요? 제가 생각하는 좋은 사람은 함께 있으면 편안한 사람이거든요. 그런데 사람마다 좋은 사람의 기준이 다를 것 같습니다.

김혜령 맞아요. 누군가에게는 편안한 사람이 좋은 사람일 수 있지만 또 어떤 사람은 그렇게 생각하지 않을 수 있죠. 일을 잘하는 사람을 좋은 사람이라고 생각하는 사람이 있는가 하면, 지갑을 잘 여는 사람이나 다른 사람의 이야기를 잘 들어주는 사람을 좋은 사람이라고 생각하는 사람도 있겠죠. 좋은 사람에 대한 기준은 저마다 달라요.

그런데 사람들은 무조건 좋은 사람이 되려고 애쓰죠. 하지만 그건 노력으로 이룰 수 있는 게 아니니 애써봐야 소용없어요. 그러니 좋은 사람이 되고자 하는 데 에너지를 낭비하지 않았으면 좋겠어요. 좋은 사람이 되려고 애쓰다 보면 자꾸만 자신을 가혹하게 다룬다는 또 다른 문제가 생겨요. 좋은 사람이 되고 싶은 마음이 크면 상대방의 감정과 욕구를 살피게 되죠.

그러다 보면 내 감정과 욕구는 묵살당하기 일쑤인데, 그건 아주 위험한 일이에요. 내가 나에게 원하는 걸 해줄 수 없고, 내가 나에게 좋은 사람이 될 수 없다는 건 결국 나를 아프게 함으로써 심리적으로 문제를 일으킬 만한 일들을 계속 만들어낸다는 거예요. 그래서 모든 사람에게 좋은 사람은 자기 자신에게 좋은 사람일 수가 없죠. '모든 사람에게 잘 보이려고 노력하는 사람이라고 해서, 과연 자기 자신에게도 잘할 수 있을까?' 하는 의문이 들 수밖에 없어요.

최설민 모든 사람에게 좋은 사람이 자기 자신에게는 가혹한 사람이 될 수도 있겠네요. 그러면 반대로 타인에게 매우 까칠한 사람이 자기 자신에게는 좋은 사람일 수도 있나요?

김혜령 어떤 까칠함인지에 따라 다르겠죠. 까칠함을 두 가지로 나눌 수 있는데, 하나는 자기 자신을 보지 못해서 나오는 까칠함이고, 다른 하나는 자신을 잘 알고 자신에게 충실해서 나오는 까칠함이에요. 자기 마음이 어떤 상태인지도 모르면서 내 마음 편하려 멋대로 상대방에게 까칠하게 구는 사람과 내가 원하는 것과 나의 감정을 잘 알아서 어쩔 수 없이 상대방을 서운하게 하는 까칠함은 엄연히 다르죠.

많은 사람이 타인에게 초점을 맞추는 데 집중하느라 정작 내 안에서 어떤 일이 일어나는지 잘 몰라요. 내가 나의 불안을 보지 않으니 불안감이 점점 더 커질 수밖에 없죠. 그래서 한 번씩 대놓고 사람들을 실망시키고 서운하게 해야 나한테 정말 필요한 게 뭔지 알 수 있어요. 그런데 우리는 어릴 때부터 이미 누군가의 욕구에 맞추는 데 길들여 있어서 사실 쉽진 않아요. 부모의 비위를 맞추고 기분을 상하지 않게 해야 생존할 수 있었거든요. 오랜 시간 거기에 익숙해져서 그게 자연스러운 거라고 생각해요. 그러면서 내 욕구가 무엇인지를 모르게 되는 거예요.

인간관계를 맺을 때 타인이 아닌 나에게 좀 더 초점을 맞출 수 있는 방법은 우선 나의 욕구와 감정을 알아차리는 거예요. 그런데 대부분의 사람들이 이론적으로는 잘 알면서도 막상 관계 안에 있다 보면 내가 어떤 상태인지 알아야 한다는 것 자체를 잊어버려요. 그래서 오랜만에 만난 친구에게 안부를 묻듯이 나 자신에게 안부를 묻는 거예요. '나 잘 지내?', '나 지금 잘 지내나?'라고 물으면서 나 자신을 들여다보고 알아차리려는 노력이 필요해요.

내가 옳다는 걸 증명하느라 힘을 낭비하지 말라

최설민 우리는 타인을 많이 이해하고 있다고 생각하지만 사실 그렇지 못해서 오해가 생기거나 심각한 갈등 상황에 놓이는 경우가 많아요. 특히 SNS를 사용하는 사람들이 많아지면서 그런 문제가 더 심각해지는 것 같습니다. 그런 오해를 예방하기 위해서라도 실질적인 소셜 스킬이나 말하기 방법이 선행되어야 하지 않을까 싶어요.

김혜령 사람들은 보통 타인을 잘 이해하고 있다고 생각해요. 하지만 겉으로 드러난 말과 행동만을 보고 그 사람을 다 안다고 확신할 수는 없어요. 사람이 사람을 완전하게 이해하기란 불가능한 일이죠. 우리가 타인을 보고 느끼는 것은 아주 일부일 뿐이에요. 그런데도 사람들은 타인을 쉽게 판단하고 규정지어요. SNS상에서는 그런 일이 더 빈번하게 일어나죠. 그런 섣부른 정의와 규정을 유보시켜야 한다고 생각해요. 사람은 입체적이고 유기적이며 끊임없이 변화하는 존재이기 때문이에요. 그걸 간과해서는 안 돼요.

그리고 '내가 옳다는 걸 증명하느라 힘을 낭비하지 말라'라는 말을 꼭 해주고 싶어요. 사람들은 자신이 굉장히 '옳은 사람'이고 싶어 해요. 서로 내가 옳다고 주장하다 보니 갈등이 생기고 싸움이 일어날 수밖에 없죠. 그리고 내가 옳다는 것을 확인받고 싶어 해요. 사실 그것만 버려도 갈등은 일어나지 않아요. 관계는 서로의 생각을 확인하고 조율해 나가는 과정이지 무조건 내가 옳다는 걸 확인시키는 게 아니에요.

최설민　내가 옳다는 걸 확인받고 싶어서 에너지를 낭비할 필요 없다는 말씀이군요. 그런 식으로 에너지를 낭비하는 건 상대방은 물론이고 나에게도 좋지 않을 것 같습니다.

김혜령　그렇죠. 관계에서 중요한 또 하나는 타인과 나의 몫을 구분하는 거예요. 특히 우리나라 사람들은 친밀도도 높고 집단주의적 성향도 강하다 보니 타인의 욕구와 나의 욕구를 잘 구분하지 못하고, 타인의 기대에 맞추려는 성향이 강해요. 너무 냉정하게 보일 수도 있지만 관계를 잘 맺기 위해서는 너와 나의 몫을 명확하게 구분할 필요가 있어요.

예를 들어 상대방이 나한테 뭔가를 요구했는데 내가 들어주지 못하면 상대방이 내게 서운한 티를 내겠죠. 그러면 나한테 죄책감이 올라와요. 상대방의 기대에 부응하고 싶은 마음이 클수록 죄책감이 더 크게 올라오죠. 하지만 상대방이 서운한 건 그 사람의 감정이고 그 사람의 몫이에요. 내가 잘못해서 생긴 문제가 아닌 거예요.

관계 속에서 서로 기대하고 맞춰주면서 살아가다 보면 어쩔 수 없이 서로가 서로에게 실망하고 서운할 수밖에 없는 일들이 생기기 마련이에요. 나는 나를 지켜야 할 의무가 있기 때문이죠. 나의 욕구와 감정을 우선시하고, 어쩔 수 없이 상대방의 기분을 상하게 할 수밖에 없을 때는 그 마음을 그냥 놓아주라고 말하고 싶어요.

놀심의 한 줄로 배우는 심리학

* 모두에게 좋은 사람이 되려고 에너지를 낭비할 필요 없어요. 타인에게 초점을 맞추면 나의 욕구와 감정이 묵살당할 수 있습니다.
* 좋은 관계를 맺고 싶으면 타인을 함부로 규정하지 말고, 내가 옳다는 걸 증명하려 애쓰지 말며, 타인과 나의 몫을 명확하게 구분하세요.

PART 2

관계에도 분리수거가 필요하다

CHAPTER 3

나쁜 관계를 정리해야 좋은 관계가 들어온다

좋은 사람을 사귀는 것만큼이나 중요한 것은
나쁜 사람을 제때 손절하는 것입니다.
나쁜 사람이 내 인간관계의 중심을 차지하고 있으면
좋은 사람이 들어올 공간이 없습니다.
인간관계가 너무 어렵다고 생각이 든다면
끊어내야 할 관계를 끌어안고 있기 때문일지도 모릅니다.

심리상담사가 알려주는 거리 두기 해야 할 3가지 인간 유형

함광성 | 어바웃심리상담센터 대표

근육을 키우려면 거울을 자주 봐야 하듯
내 마음을 들여다보는 연습을 해야
지금 내가 어떤 상황에 놓여 있는지 정확하게 알 수 있어요.
그리고 이런 감정을 느끼고 있다고 상대방에게 알려야 합니다.
몇 차례 내 감정과 생각을 알렸음에도 상대가 달라지지 않으면
그땐 과감하게 그 관계를 끊는 게 맞겠죠.

최설민 인간관계를 맺다 보면 내가 딱히 잘못한 것도 없는데 유독 나 자신을 보잘것없거나 죄인처럼 느끼게 만드는 사람이 있는 것 같습니다. 또 많은 사람들이 그런 관계로 인해 힘들어하기도 하고요. 이런 경우처럼 우리가 살면서 피해야 할 유형의 사람들이 따로 있을까요?

함광성 폭력적인 사람, 물리적으로 나를 공격하는 사람은

말할 것도 없고, 수치심을 자극하거나 죄책감을 자극하는 사람도 우리가 거리를 둬야 할 대표적인 유형이에요. 그런 사람들은 이런 말을 자주 합니다. "네가 이상한 거야", "그건 네 문제야", "나는 너한테 이렇게까지 해줬는데, 너는 나한테 어떻게 이래." 이런 말을 들으면 상대방은 왠지 모를 부채감이 들기도 하고, 내가 잘못한 것 같은 느낌(죄책감)과 이상한 사람인 것 같은 느낌(수치심)을 갖게 되죠.

그러다 보니 상대방은 죄책감이 들면서 자꾸만 그 사람의 눈치를 보고 맞춰주려 하게 되죠. 대표적인 경우가 부모와 자녀의 관계예요. 예를 들어 엄마가 자녀에게 "엄마는 너 하나 보고 살아"라고 말했을 때 그 표현에는 '엄마는 너 때문에 사는데 네가 어떻게 나한테 이럴 수 있어'라는 말이 함축되어 있는 거예요. 이런 표현들이 상대방에게 죄책감을 갖게 하는 대표적인 예입니다.

거울로 내 마음을 들여다보는 연습: 감정 일기

최설민 우리는 특히 가족관계에서 듣게 되는 '나는 너 때문에 살아'라는 말을 '그만큼 네가 소중해'라는 의미의 사랑

표현이라고 생각하는 경우가 많은 것 같은데, 그 말의 속뜻이 우리의 생각과 다르게 부정적으로 작용할 수도 있다는 말씀인 거군요.

함광성 그렇죠. 의도적으로 상대방에게 수치심이나 죄책감을 주려고 그렇게 말하는 사람들도 있지만 말씀하신 것처럼 가족관계에서는 그런 의도 없이 정말 상대방이 소중해서 그렇게 말할 수도 있어요. 어떤 의도에서건 그런 말을 반복적으로 하면 상대방은 부채감을 느낄 수밖에 없어요.

눈치를 보면서 늘 뭔가 해줘야 한다는 부담감을 갖게 되고 그러면서 자신을 죄인처럼 느끼게 되죠. 더 큰 문제는 이런 일상이 반복되면 다른 새로운 관계를 맺을 때도 '내가 뭔가 잘못했을지도 몰라'라는 생각이 기본값으로 작동하게 된다는 거예요.

최설민 어릴 때부터 그런 가정 환경에서 자라다 보면 죄책감이 마치 나의 기본 설정값인 것처럼 작용해 사회 속에서 새로운 관계를 맺을 때도 영향을 끼치게 되는 거네요. 그러면 늘 상대방의 눈치를 보면서 맞추려 하거나 할 말도 제대로 하지 못하고 속앓이하게 되는 거고요. 그런데 사실 나에게 그런 영향을 준 사람이 가족이나 가까운 사이라면 그 관계를 끊기는 어려운 일이잖아요. 그럴 때는 어떻게 해야 할까요?

함광성 물론 어렵죠. 가장 기본은 내가 누군가와의 관계에서 어떤 감정을 느끼고 있는지를 잘 알아차리는 게 중요해요. 그래서 평소 나 자신에게 어떻게 느끼고 있는지 물어보는 시간이 필요하죠. 잘 모르겠다면 '감정 일기'를 쓰는 것도 하나의 방법이에요. 일기처럼 그날그날 나의 감정을 기록하고 그것과 관련한 일이나 내 생각을 적어보는 거죠.

그런데 사실 죄책감이나 수치심의 감정을 알아차리기가 쉽진 않아요. 이런 감정들은 대개 불안감으로 나타나죠. 사람 사이가 만나면 만날수록 편해져야 하는데, 오히려 만남이 거듭될수록 불편해지거나 긴장하는 식의 불안감이 감지되면 그땐 나 자신에게 가만히 물어보는 거예요. '혹시 이 사람이 나의 죄책감이나 수치심을 건드리는 건 아닐까?' 하고 역으로 되짚어보는 거죠. 불안의 신호를 통해 죄책감이나 수치심의 감정을 알아차릴 수 있어요.

죄책감이나 수치심을 반복적으로 경험하다 보면 나 스스로가 나약하고 보잘것없는 존재가 되어 있어서 뭔가 이상한데도 그게 정말 이상한 건지 아닌지조차 제대로 판단하지 못한 채 계속 공격을 당할 수 있어요. 그럴 때는 혼자서 그 상황을 이겨내려 하기보다 적극적으로 주변에 이 상황을 알리는 게 좋아요. 그들로부터 격려와 공감과 지지를 받으면 어느 정도 용기가 생겨서 그런 상황을 직시하고 벗어나려는 시도를 해볼 수 있죠.

최설민 내가 잘못한 것도 없는데 누군가가 나를 상대로 끊임없이 수치심이나 죄책감을 들게 한다면 주변의 믿을 만한 사람이나 객관성을 유지할 수 있는 제3자에게 이 상황을 알리고 도움을 청해야 하는 거네요. 가스라이팅과 같은 개념으로 이해할 수 있을 것 같은데, 거리를 둬야 하는 이런 유형의 사람들과 관계를 끊어내지 못하고 지속했을 때 어떤 결과가 올 수 있나요?

함광성 말씀하신 것처럼 가스라이팅이 대표적인 경우예요. 상대방으로부터 조종당하는 거죠. 지속적으로 조종당하면 자기 자신을 약하고 보잘것없는 존재라고 느껴 오히려 상대방에게 더 의지하고 순응하면서 그를 만족시키기 위한 노력을 계속하게 돼요. 이런 상황이 오랫동안 유지되면 자존감이 바닥까지 떨어져서 다른 관계에서도 위축된 모습을 보일 수밖에 없어요. 그 정도가 심각해지면 주변 사람에게 도움의 목소리를 내기조차 어렵죠. 그렇게 되면 장시간 가정폭력에 노출된 채 살아가는 경우처럼 부정적인 사회적 현상으로 이어질 수 있어요.

개선의 여지가 없다면 과감하게 끊어라

최설민 오랜 시간 조종당했기 때문에 '어차피 나는 가치 없는 존재니까 욕먹을 만해'라거나 '어차피 나는 죄인이니까 맞을 만해'라는 식으로 생각하게 되는 거군요. 혹시 내가 지금 그런 상황에 놓여 있다면 가장 먼저 해볼 수 있는 게 뭐가 있을까요?

함광성 주변에 알리는 게 최우선이에요. 그러기 위해서는 평소 자신의 감정을 들여다보는 연습이 필요하죠. 운동으로 근육을 키우려면 자극이 오는 부분이 어딘지 파악해야 제대로 근육을 키울 수 있는 것처럼 자신을 파악하는 능력을 키워놓아야 지금 내가 어떤 상황에 놓여 있는지 정확하게 알 수 있어요. 그리고 관계를 개선해 나가는 가장 중요한 방법은 내가 이런 감정을 느끼고 있다는 것을 상대방에게 알리는 거예요. 상대방이 나쁜 의도로 그런 게 아니라면 본인도 인지하지 못한 채 그렇게 행동했을 수도 있거든요.

그렇기 때문에 상대방의 이러이러한 행동이 나에게 어떤 영향을 미치고, 그로 인해 내가 얼마나 불편한 감정을 느끼고 있는지를 알려줌으로써 관계 개선의 기회를 주는 거죠. 몇 차례 반복적으로 나의 감정과 생각을 알렸음에도 불구하고 상대방의 말과 행동이 달라지지 않거나 개선할 의지조차 보이지 않는다면 그땐 과감하게 그 관계를 끊는 게 맞겠죠.

최설민 예를 들어 "네가 그렇게 행동하면 내 존재가 가치 없게 느껴져서 불편해"라고 몇 차례 말했는데도 계속 "그건 네 잘못이잖아"라는 반응을 보인다면 그때는 더 이상 그 관계를 유지할 필요 없이 끊어내는 쪽을 선택해야 하는 거네요. 그런데 안타깝게도 그 대상이 부모일 경우에는 어떻게 해야 하나요?

함광성 부모와의 관계라면 이야기가 꽤 복잡해요. 가족관계에서는 죄책감의 고리가 더 크게 느껴질 수밖에 없거든요.

특히 효를 중시하는 우리나라에서는 부모와는 무조건 잘 지내야 한다는 생각이 강하게 자리하고 있어서 부모와의 관계에서 내가 상처받고 있다고 느끼면서도 그 관계를 유지하는 경우가 많죠. 이런 경우에는 극단적으로 관계를 끊기보다는 독립하는 식으로 거리 두기를 한번 해보는 거예요.

최설민 부모와 연을 끊고 살 수는 없으니 무조건 단절을 선택하기보다는 심리적 독립을 위해 물리적 독립을 먼저 시도해 보는 거네요. 그러면 부모에게도 관계 개선의 기회를 줄 수 있고, 서로 그렇게 노력하다 보면 실제로 관계가 개선되는 결과를 가져올 수도 있을 것 같습니다.

놀심의 한 줄로 배우는 심리학

- 누군가 내게 "네가 이상한 거야", "나는 너한테 그렇게 해줬는데 너는 나한테 어떻게 그럴 수가 있어"라는 표현을 자주 사용한다면 그는 나의 수치심과 죄책감을 자극하는 사람입니다.
- 내가 느끼는 불편한 감정을 여러 번 전달했는데도 상대방이 달라지지 않는다면 그땐 과감하게 관계를 끊는 게 낫습니다.

유형별 손절의 기준과 헤어질 결심

유은정 | 서초좋은의원 원장, 굿이미지 심리치료센터 대표

호수에 떠다니는 오리들을 한번 떠올려보세요.
함께 어울리는 오리도 있고, 물결 따라 옮겨 가는
오리도 있죠. 인간관계도 마찬가지예요.
내 곁에 오래 머무는 관계도 있지만
물 흐르듯 유유히 흘러가는 인연도 있는 거죠.
중요한 건 그런 관계를 잘 분별할 수 있어야 하는 거예요.

최설민 누군가가 너무 밉고 싫어서 손절하고 싶다는 생각이 들 때가 있습니다. 하지만 한 사회의 구성원으로 살다 보면 막상 그런 선택을 하기가 쉽진 않은 것 같습니다. 나를 보호하면서 서로 상처를 주고받지 않고 안전하게 손절하는 방법이 있을까요?

유은정 먼저 자신의 인간관계를 세 부류로 나눈 뒤 그것을

원으로 나타내보는 거예요. 원의 가장 중심 부분은 한두 명의 진짜 친한 친구가 속해요. 오랜 기간에 걸쳐 내가 그 관계에 시간과 에너지를 할애할 수 있는 친구, 나의 민낯과 단점, 힘든 부분까지도 모두 알고 있는 친구가 여기에 해당하겠죠. 그다음 원은 다섯 명에서 열 명 정도 정기적으로 만나 식사를 하고 대화를 나누는 친구들이 속하고, 원의 맨 가장자리는 SNS로 안부를 나누는 정도의 사이인 사람들이 속하겠죠.

내가 실망한 대상이 이 세 가지 부류 중 어디에 속하느냐에 따라 대처도 다를 수밖에 없어요. 원의 중심에 있는 한두 명의 친구라면 상처 주는 말과 행동을 해서 밉거나 싫어져도 기회를 줘야 한다고 생각해요. 그 관계는 나에게도 소중한 만남이기 때문이에요. 누구나 안 좋은 면이 두드러져 보일 때가 있는데, 특히 내가 힘들거나 상황이 안 좋으면 상대방의 말이 유독 거슬리고 쉽게 상처받을 수 있어요. 그럴 때는 약간 거리를 두고 내가 회복할 수 있는 '환기의 시간'을 갖는 게 좋죠.

최설민 두 사람의 관계 개선을 위해 서로에게 기회를 주는 시간이기도 한 거네요.

유은정 그렇죠. 오래된 추억을 함께 나누고 공유한 진짜 '절친'이라면 잠시 멈춤의 시간을 가져도 다시 만나면 전혀 서먹하지 않고 마치 어제 보고 또 보는 것처럼 아무렇지 않게 느껴져요.

두 번째 부류의 친구들은 자주 만나는 사이는 아니니까 약속을 조금씩 미루거나 취소하는 방법이 있어요. 상대방도 내가 거리를 두려 한다는 걸 눈치채게 되면 내가 굳이 어떤 행동을 취하지 않아도 관계의 밀도가 조금씩 느슨해지죠.

안부만 나누는 SNS 친구들의 경우는 사실 이렇다 할 액션이 필요하지 않아요. 굳이 스트레스를 받을 필요도 없죠. 내가 갖고 있는 에너지와 시간은 한정되어 있으니 좀 더 밀도 있는 좋은 관계에 그 에너지와 시간을 집중하는 게 훨씬 더 낫죠.

관계 선택의 결정권은 나한테 있다

최설민 그런데 어떤 사람에게 크게 실망해서 손절을 결심하고 멀어지기 위한 액션을 취했는데 그 사람이 자꾸만 더 가까이 다가오면 죄책감이 생길 수도 있지 않을까요? 그럴 때는 어떻게 대처해야 할까요?

유은정 그럴 때는 먼저 자기 자신에게 질문해 보는 거예요. '내가 이 사람을 멀리하거나 손절했을 때 과연 후회하지 않을까?' 이때 대부분의 사람이 후회하지 않는다고 대답해요. 내 쪽에서 손절까지 생각한 대상이라면 그 관계의 주도권은 나한테 있기 때문에 죄책감을 가질 이유가 없어요. 만약에 내가 잘 보이고 싶고 그 사람을 내 가까이 두고 싶다면 관계의 주도권은 상대방에게 있는 거죠. 머무는 관계에 집중하고 싶다면 한편으로는 떠나보내야 하는 관계도 있을 수밖에 없어요. 모든 관계를 다 움켜쥐려 하는 것 자체가 우리의 삶에 반하는 생각일 수 있어요.

최설민 지금 하신 말씀에 크게 공감이 돼요. 저도 주변의 결혼한 친구들과 전처럼 자주 만나지 못하는데요, 내가 생각하기에는 충분히 모임에 참석할 수 있는 상황인데도 못 나온다고 하면 한편으로는 이해가 되면서도 또 한편으로는 섭섭한 마음이 들거든요.

유은정 저도 그런 시간이 있었어요. 미국에서 유학하는 동안 아무래도 물리적 거리감이 있으니까 친구들과 거의 연락하지 않고 저 혼자 웅크리고 지냈어요. 돌아왔을 때도 친구들은 이미 개원도 하고 돈도 잘 벌고 있었지만 저는 그렇지 못했죠. 그들과 나 사이에 10년 이상의 갭이 생겨버린 거예요.

그때 저는 이렇게 생각했어요. 그냥 '나는 나다!'라고. 유학하면서 얻은 나의 견문을 친구들과 공유하기도 하고, 친구들은 나보다 앞서 의사 생활을 하면서 깨달은 것들을 나한테 알려주기도 하면서, 서로 다르기 때문에 오히려 더 풍성해질 수 있다는 걸 알게 됐어요.

관계에서는 다양성에 대해 열려 있는 마음을 갖는 게 굉장히 중요해요. 기혼인 친구와 미혼인 친구가 함께 어울리면 서로를 대하면서 사고가 확장되죠. 예를 들어 미혼인 사람은 기혼인 친구를 보면서 '나는 왜 결혼도 못 하고 이러고 살지?'라고 생각할 수도 있지만 결혼에 따르는 책임감이나 결혼생활의 실체를 배우고 진지하게 생각해 보는 기회가 되기도 하죠. 또 기혼인 사람은 미혼인 친구의 자유로움이 부러울 수도 있지만 한편으로는 자신의 안정된 삶을 유지하기 위해 더 노력할 수도 있죠.

관계는 서로에게 주름이 되어주는 거예요. 똑같은 옷이라도 누가 입느냐에 따라 옷에 생기는 주름이 다르잖아요. 사람마다 체형이 다르니까요. 그것은 철저한 나만의 세계인 거예요. 그런데 타자와 내가 만나면서 나의 '옷의 모양'이 달라지기 시작해요. 내 세계에 다른 사람이 들어오면서 변화가 생기는 것, 즉 내 옷의 주름이 달라지는 거죠. 물론 그 주름이 너무 깊어서 상처와 단절로 이어지면 안 되겠지만 서로 그런 자극을 주고받으면서 살아가야 한다고 생각해요. 내 주변에 어떤 사람을 두느냐에 따라 내 옷이 달라지는 거죠.

내가 내 주변에 좋은 사람, 같이 있으면 즐거운 사람, 배울 게 있는 사람을 두고자 하는 것은 곧 '자기결정권'에 관한 문제예요. 그러니 죄책감을 가질 필요가 없는 거죠. 내 인간관계 원의 중심에 어떤 사람을 둘 것인가에 대한 결정권은 상대방이 아니라 나한테 있는 거니까요.

최설민 인간관계에서 절대 해서는 안 되는 손절 방법으로는 어떤 게 있을까요?

유은정 내가 안 좋은 상황이라면 상대방을 만나는 것도 불편하고 일일이 설명하고 싶은 마음조차 생기지 않죠. 그렇다고 해서 일방적으로 문자메시지나 카톡으로 감정 어린 마음을 전달하는 건 바람직하지 않아요. 상대방이 어떻게 반응하고 받아들일지 모르니까요.

그 대상이 절친이라면 직접 이야기하는 것도 괜찮아요. 상대방을 탓하는 게 아니라 '내가 지금 이러이러한 상황이어서 내 시간이 조금 필요해'라는 메시지를 전달하는 거죠. 그런 과정조차 귀찮다고 SNS로 대신하거나 전화번호를 차단해버리면 관계가 돌이킬 수 없을 만큼 불편해질 수 있어요.

내가 상처받아서 정말 손절하고 싶을 때 '눈에는 눈, 이에는 이'라는 식으로 상대방이 나한테 한 것과 똑같이 해주겠다는 마음이 들 수도 있는데, 절대 그렇게 해서는 안 돼요. 그렇게 한다고 해도 상대방은 변하지 않을 거거든요. 그럴 때는 그 사람과의 앞날을 한번 생각해 보는 거예요. 몇 차례 이야기했는데도 바뀌지 않을 사람이라면 나와 맞지 않는 거죠. 그럴 때는 그 사람을 곁에 둘지 말지 내가 결정하는 거예요.

저도 그런 친구가 딱 한 명 있었는데 지금 생각해 보면 그 친구와 멀어진 게 정말 잘한 일이라는 생각이 들어요. 10년을 넘게 당했거든요. 손절의 기준은 의외로 간단하고 명확해요. '내가 반복해서 이야기한 걸 과연 지킬 수 있는 친구인가?'라는 의문을 가졌을 때 그렇지 않다면 단호하게 손절할 결심을 하는 게 좋죠.

손절할 결심의 조건, 'good or bad'

최설민 저도 자기 감정에 따라 나를 함부로 대하는 친구와 멀어진 적이 있어요. 감정이 널뛰기를 하고 그럴 때마다 종잡을 수 없는 행동을 하니까 나를 가지고 논다는 생각마저 들었어요. 상처받고 나니까 그 친구가 손을 내밀며 다가와도 제가 먼저 멀어지는 선택을 하게 된 것 같아요.

유은정 얼마든지 그럴 수 있죠. 그래서 관계의 중요성을 'good or bad'로 구분했으면 좋겠어요. '이 관계가 나한테 좋은가 또는 나쁜가'를 판단하는 건 매우 중요해요. 말씀하신 대로 감정 기복이 심한 사람이라면 앞으로도 그 부분은 바뀌지 않을 가능성이 크죠. '바운더리boundary'는 거리를 둔다는 개념도 있지만 이를 다르게 해석하면 내가 그 사람을 바꾸려 할 수 없다는 걸 인정하는 것이기도 해요.

최설민 우리가 일반적으로 손절이라고 하면 단칼에 잘라내는 느낌이 들잖아요. 그런데 손절이 부정적인 개념이 아니라 나를 인정하고 상대방을 인정하는 것, 그러면서 너와 내가 서로 맞지 않다는 걸 인정하면서 자연스럽게 멀어지는 자연스러운 과정이라는 생각이 들어요.

유은정 호수에 떠다니는 오리들을 한번 떠올려보세요. 물의 흐름을 따라 둥둥 떠다니다가 다른 오리에게 다가가요. 그러다가 그 자리에 머물러 오랫동안 함께 어울리는 오리도 있고, 잠시 머물다가 물결 따라 다시 자기 갈 곳으로 둥둥 흘러가는 오리도 있죠. 인간관계도 마찬가지예요. 곁에 오래 머무는 관계도 있지만 물 흐르듯 유유히 흘러가는 인연도 있는 거죠. 중요한 건 내가 그런 관계를 잘 분별할 수 있어야 하는 거예요.

최설민 그런데 우리 주변에는 부모나 직장 동료, 상사처럼 스쳐 지나가는 인연이 아니라 하나의 공동체로 묶여 있는 사람들이 많잖아요. 그들과 문제가 생겨 손절하고 싶다는 생각이 들면 어떻게 해야 할까요?

유은정 결혼한 딸이 엄마와 관계가 좋지 않아서 명절에 친정집에 가는 걸 매우 꺼린 사례가 있어요. 그래서 제가 "그러면 그냥 가지 마. 그렇게 싫은데 안 그런 척하려면 얼마나 힘들겠니? 엄마를 만나면 기분이 좋은 게 아니라 상처뿐이라면 이번에는 안 가도 되지 않니?"라고 말해줬어요. 그래서 용기 내서 부모한테 이야기했더니 별다른 말 없이 "우리 여행 갈 거야"라고 하더래요.

그 일을 통해 자신이 필요 이상의 죄책감을 가지고 있었다는 걸 깨닫게 된 거죠. 그리고 자식의 이런 태도는 부모에게도 자식을 새롭게 인식하는 기회가 될 수 있어요. 우리 아이가 이제 한 사람의 성인으로서 결혼도 하고 아이도 낳아 하나의 가정을 꾸린 독립된 개체라는 걸 인정하고 존중해야 한다는 생각을 갖게 되죠.

물론 자식을 상대로 연을 끊겠다고 반응하는 최악의 부모도 있긴 하죠. 하지만 받아들여야 해요. 나는 원하는 걸 분명히 전달했고 그것을 받아들이느냐 마느냐는 부모가 결정할 일이지 그 책임이 나한테 있는 건 아니에요.

직장생활도 마찬가지예요. 나를 괴롭히는 상사 때문에 몹시 힘들어하는 사람이 있었어요. 상사만 보면 가슴이 벌렁거려 회사에 가고 싶지 않을 정도라는 거예요. 이때 '그럼에도 불구하고 내가 이 회사를 계속 다니는 게 내 커리어에 도움이 되는가'를 냉정하게 평가해 보는 거예요. 대부분은 머물러야 할 이유가 크기 때문에 고민하는 거겠죠.

그런 다음 혼자 괴로워하지 말고 상사에게 직접적으로 물어보는 거예요. 이때는 'I'가 주어가 되어야 해요. 예를 들어 "그때 저한테 왜 그렇게 말씀하신 거예요?", "그때 그렇게 말씀하셔서 너무 속상했어요"라고 말하거나 울먹이지 말고, "지난번에 제게 이렇게 말씀하셨는데 제가 어떤 노력을 해야 할까요?", "제가 어떤 일을 더 하면 좋을까요?"라고 'I' 메시지를 이용해서 묻는 거예요.

그렇게 대화를 나누다 보면 사실은 내가 오해했을 수도 있고, 상사가 원하는 걸 내가 정확하게 알아차리지 못한 걸 수도 있어요. 또는 책임감이 과도한 사람이라면 과하게 일을 잘 해내려다 부담을 느꼈을 수도 있어요. 실제로 상사가 나한테만 너무 과하게 일을 시키는 것 같다면 "저 혼자 이 일을 다 해내려면 주말에도 출근해야 하는데 다른 사람과 나눠서 할 수 있을까요?"라고 제안해 보는 거예요.

최설민 우선은 관계를 개선할 수 있는 작은 노력부터 시도해 보는 거네요. 상대방에게서 전혀 개선의 여지가 보이지 않는다면 그땐 결단을 내려야 하는 거고요. 하지만 최악의 상황인데도 불안감 때문에 손절을 선택하지 못하는 사람들이 많아요. 그런 불안감을 조절하는 방법이 있을까요?

유은정 그건 바로 '나의 성장'이에요. 누군가로부터 사랑받거나 인정받지 않고도 '나는 나다'라고 느끼며 있는 그대로의 내 모습으로 살아가는 거예요. 그렇게 되려면 사실 굉장한 내면의 힘이 필요한데 그게 부족해서 결단을 내리지 못하는 경우가 많아요. 성인에게 가장 필요한 건 홀로 서는 힘이에요. 직장인이라면 '명함 없어도 버틸 힘'이 있어야 진정한 직장인이 될 수 있죠. 상황이 바뀌어도 그 사람의 존재 자체가 변하는 건 아니니까요.

요즘 사람들은 왜 그렇게 손절에 열광할까요? 지금 우리나라에는 모두가 잘되어야 나도 행복하다라고 생각하는 집단주의와 IMF와 코로나19 등을 겪으면서 내가 잘되고 행복해야 우리 조직도 행복하다고 생각하는 개인주의가 혼재해 있어요. 이런 혼돈의 시기에는 지금 나의 위치를 제대로 아는 자기관리가 아주 중요한데, 많은 사람들이 서로를 비난하는 데 에너지를 낭비하고 있어요.

개인주의 세대는 자신의 개인적인 결정을 무시하는 집단주의 구성원을 비난하고, 집단주의 세대는 집단을 무시하고 혼자 이기적으로 행동하는 개인주의 구성원을 비난해요. 하지만 행복한 공존을 위해서는 나이, 세대와 상관없이 각자의 환경에 따라 다양한 위치에 있을 수 있다는 걸 인정하는 게 중요해요. 그러면 서로를 극도로 혐오하거나 상처를 주고받으며 분노하고 손절하기보다는 서로에게 큰 기대 없이 물 흐르듯 스쳐 가는 좀 더 편안한 관계가 될 수 있어요.

놀심의 한 줄로 배우는 심리학

- ⋆ 내 곁에 어떤 사람을 둘 것인가에 대한 결정권은 오로지 나한테 있습니다. 그러니 손절을 선택했다고 해서 상대방에게 죄책감을 가질 필요는 없어요.
- ⋆ 무조건 손절을 결심하기보다 '이 관계가 나한테 좋은가 또는 나쁜가'를 먼저 판단해 보세요. 함께할수록 좋은 관계도 있지만 때로는 물 흐르듯 유유히 흘려보내야 하는 관계도 있습니다.

선 넘는 사람을 상대로 당당하게 대처하는 법

유은정 | 서초좋은의원 원장, 굿이미지 심리치료센터 대표

일이든 관계든 100퍼센트, 120퍼센트 애쓰지 마세요.
그냥 80퍼센트 정도만 하세요.
그러면 덜 억울하고 덜 상처받아요.
100퍼센트 이상을 쏟으면 상대방도 그만큼 해주기를 바라는
보상 심리가 작동할 수 있어요.
50퍼센트의 사람만 날 좋아해도 성공적인 인간관계예요.

최설민 주변에 보면 은근슬쩍 선을 넘는 사람들이 참 많아요. 그리고 그런 사람들로 인해 불편한 감정을 느낀다고 토로하는 사람들도 많고요. 이런 사람들을 상대로 어떻게 대처하고 행동해야 할까요?

유은정 선을 넘는 사람들에게는 그 즉시 내 의사를 전달하는 게 좋아요. 그런데 대부분 그 순간에는 아무 말도 하지

못하고 있다가 나중에 집에 가서 '아, 그때 내가 이렇게 말했어야 했는데'라며 후회하거나 친구들에게 "진짜 이상하지 않아? 재수 없지?" 하며 하소연하는 경우가 많죠. 문제는 그런 식으로 상처를 곱씹으면 상대방에 대한 미움이 눈덩이처럼 불어나서 그냥 지나칠 수 있었던 것도 오히려 상처가 되어 관계를 악화시킨다는 거예요.

예를 들어 직장에서 상사가 나에게 외모 비하적인 발언 같은 선 넘는 행동을 했다면 그 즉시 내 생각을 표현하는 거예요. 그런데 평소 그렇게 반응하는 연습이 되어 있지 않다 보니 그 순간에 그냥 '앗 뜨거워!'라고 느끼고만 있는 거예요. 상사가 그런 말을 반복한다면 "저는 앞으로는 그런 외모 비하적인 말은 안 해주셨으면 좋겠어요"라고 분명하게 말하는 거죠. 그렇게 말했을 때 상사가 어떤 반응을 보일까요?

설령 상사가 '감히 나한테 이래라저래라 하느냐'는 식의 부정적인 반응을 보이더라도 상처받지 마세요. 그 사람은 자기가 한 실수나 잘못에 대해 방어하는 것이지 나에게 상처를 주려고 하는 말이 아니기 때문이에요. 그 사람만의 정당성이 있는 거니까요. 그렇더라도 한 가지 효과는 분명해요. 그 사람이 '아, 이 사람이 내 말에 이렇게 반응하는구나. 앞으로는 그런 말을 하면 안 되겠네'라는 생각을 갖게 되죠.

최설민 상대방이 즉각적인 나의 반응에 방어적인 행동을 보이긴 했지만 한편으로는 자신이 실수하거나 잘못했다는 걸 인식하고 경계하게 된다는 뜻이군요.

유은정 그렇죠. 그럼에도 선 넘는 행동을 계속하는 사람이 있을 수 있어요. 우리는 그런 사람을 사이코패스에 가깝다고 판단하죠. 이미 여러 차례 이의 제기를 했는데도 행동이 바뀌지 않는다면 그런 인연은 끌고 갈 필요가 없어요. 그 전에 부서를 옮기거나 휴직 등의 다양한 방법을 시도해 볼 필요는 있죠. 물론 그런 시도가 상대방을 내가 원하는 방향으로 바꿔놓진 못해요. 가족도 그 사람을 바꾸지 못할 텐데 남인 내가 어떻게 가능하겠어요. 다만 그 사람의 행동을 예상하고 그에 따른 대처법을 시도하는 건 꼭 필요해요.

나의 욕구와 감정을 언어화하라

최설민 그런데 불합리한 상황에서 벗어나기 위해 실제로 행동하는 건 참 어려운 것 같아요. 심지어 이런 행동을 참을

성이 없다거나 지는 일이라고 생각하는 경우도 많은 것 같고요. 이렇게 억지로 참고 지내는 상황이 반복되면 상대방으로부터 가스라이팅을 당하는 악순환이 이어질 수도 있지 않을까요?

유은정 당연하죠. "나는 완전 호구예요. 나는 주말에도 나가서 일해요"라고 말하는 분이 있었어요. 그 상사가 다른 직원에게도 그렇게 하느냐고 물어보면 유독 자기에게만 그런 업무 지시를 한다는 거예요. 그래서 감정을 섞지 말고 "제가 다른 업무가 있어서 지금 이 일을 해내는 게 무리인 것 같습니다"라고 말하는 연습을 하도록 했어요.

이렇게 이야기했을 때 상대방의 반응은 두 가지예요. "아, 그래? 알았어!" 하고 받아들이거나 "무슨 소리야? 너 말고는 이 일을 할 사람이 없어. 이 일의 적임자는 너야"라며 가스라이팅하거나 내가 그 일을 할 수밖에 없도록 정당성을 부여하는 거죠. 이렇게 인정 욕구를 건드리면 대개는 흔들리죠. '다른 사람은 다 하고 있는데 너만 안 하고 있어'라는 식으로 수치심을 자극하기 때문이에요. 나만 뒤떨어진다고 느끼는 건 존재감에 대한 손상이어서 수치심이 들 수밖에 없어요.

소속감과 연대감이 강한 우리나라 사람들의 경우에는 그런 상황에서 수치심을 느낄 가능성이 훨씬 커요. 집단 문화의 특성이기도 하죠. '다른 사람은 다 하고 있는데 너만 안 하고 있어. 너도 그걸 해서 증명해봐'라는 식의 메시지가 내면에 있는 거예요. 그렇더라도 선을 넘는 사람이 있다면 혼자 상처받지 말고 당당하게 대처할 수 있어야 해요. 그 효과가 지금 당장 나타나지 않더라도 나의 생각을 분명하게 전달할 필요는 있어요.

이때 가급적 온유하게 내 생각을 전달하는 게 좋은데, 예를 들어 "아, 그래요? 제 생각은 조금 다른데요"라거나 "그것도 맞는 것 같은데, 저는 이렇게 생각해요"라는 식으로 이야기하는 거예요. 오랜 시간 꾹꾹 참다가 결국 폭발하면 대부분 "왜 나한테만 그래요!"라는 식의 표현이 튀어나오죠. 그런 화법은 관계의 역효과를 불러오고, 오히려 그 일을 거부하는 나만 감정적이고 못된 사람으로 취급당할 가능성이 커요. 혼자 잘해주고 상처받는 사람이 되는 거죠.

온유하게 자기주장을 할 수 있으려면 평소 연습이 필요해요. 필요하다면 몇 가지 미사여구를 외워두는 것도 하나의 방법이죠. 친구 사이에서도 마찬가지예요. 20~30대 중에 의외로 의사소통을 어려워하는 사람들이 많아요. 그들의 공통점은 양방향 소통이 아니라 SNS를 보거나 인터넷 강의를 듣는 식의 일방향 소통에 익숙하다는 거예요. 살면서 인간 대 인간으로 내 주장과 내 감정을 표현할 기회가 많지 않았던 거죠.

그래서 어떤 감정을 느끼는지 물어보면 잘 모르겠다고 말하는 경우가 아주 많아요. 자기가 느끼고 있는 감정을 자세히 표현하기보다 '헐!', '대박!' 등의 함축적인 단어로 대신해 왔기 때문이에요. 실제로 심리검사를 진행해 보면 내가 뭘 원하고 어떤 감정인지 정확하게 표현하고 전달하는 능력이 많이 떨어져요. 자기의 생각을 언어화하지 않으면 상대방은 그냥 자기 편한 대로 생각할 수밖에 없어요. 사람은 다 자기중심적이니까요.

최설민 내가 뭘 원하고 어떤 감정인지를 언어화하는 것 자체가 힘들다 보니 이성적이고 논리적이기보다 더더욱 감정적으로 표현할 수밖에 없는 거군요. 언어화를 연습할 수도 있을까요?

유은정 말로 연습하는 게 어려우면 글로 써보는 연습부터

하는 것도 괜찮은 방법이에요. 내가 전달하고 싶은 사항, 내 감정의 요점을 조목조목 글로 써보는 거예요. 글로 써보는 연습의 또 다른 효과는 자기 객관화가 가능하다는 거예요. 이런 과정조차 귀찮다면 손쉽게 스마트폰을 이용해 나 자신에게 카톡이나 문자를 보내는 것도 괜찮아요.

우리가 가장 힘들고 상처받을 때는 내가 듣고 싶은 말을 듣지 못했을 때예요. 그래서 "괜찮아. 그 사람이 잘못한 거야. 너 혼자 잘해주고 상처받지 말자"라는 식으로 내가 듣고 싶은 말을 내가 나에게 보내는 거예요. 또 다른 방법은 제3자에게 내가 듣고 싶은 말을 해달라고 부탁하는 거예요. 인위적으로 한 것이어도 실제로 도움이 됩니다.

최설민 내가 나에게 메시지를 전달하는 방법을 활용하면 심리적으로 크게 도움이 될 것 같습니다. 내가 나에게 카톡을 보내는 것도 괜찮고, 또 SNS 이용자라면 자신이 듣고 싶은 말을 댓글 창에 올려보는 것도 괜찮을 것 같아요. 많은 사람들의 피드백을 받을 수 있을 테니까요.

유은정 그럴 수 있죠. 저 역시 어려운 결심을 하고 저를 찾아오는 환자들에게 듣고 싶은 이야기를 해주는 게 정신과 의사로서 제가 해야 할 일이라고 생각해요. "당신은 그동안 참 열심히 살아왔어요. 당신의 노력은 결코 헛된 게 아니에요"라고 말하면서 그 사람의 편이 되어주는 거죠. 우리는 너나없이 그런 말을 듣고 싶어 하면서도 정작 나는 다른 사람에게 인색할 정도로 그런 말을 잘 못해요.

누구든 상처받지 않고 살아갈 수는 없어요. 편 가르기가 일상화되어 있는 요즘 시대에는 더더욱 그렇죠. '나는 옳고 너는 틀려'라는 식의 극단적 사고를 하기보다는 그냥 '그럴 수도 있지. 사람 사는 게 다 그렇지'라고 조금 편안하게 생각하면 어떨까 해요. 제 경우에도 실제로 그렇게 생각하는 게 참 많이 도움이 되었거든요.

최설민 그러기 위해서는 상대방이 왜 그렇게 생각하는지를 한번 살펴보면 이해의 폭이 한층 넓어지지 않을까요?

유은정 당연하죠. 사람마다 생각의 스펙트럼이 넓고 다양하잖아요. 나와 생각이 다르다고 해서 분노하거나 선을 넘으면서까지 내 생각을 주입하는 게 아니라 '아, 저렇게 생각할 수도 있구나'라고 받아들이는 거죠. 그런데 우리는 나이, 성별, 세대를 가리지 않고 무조건 나와 똑같이 생각하길 바라요. 정신과에서 말하는 가장 큰 성숙의 척도는 '상대방의 입장이 되어보는 것'이에요.

상처뿐일 땐 물리적 거리 두기가 답이다

최설민 상대방의 입장이 되어보는 게 굉장히 어렵지만 꼭 필요한 마음가짐이라는 생각이 듭니다. 그런데 나한테 무례하게 대하는 사람을 상대로도 무조건 그 사람의 입장에서 생각해야 하는 건가요? 그러면서까지 그 인연을 끌고 갈 필요가 있을까요?

유은정 정말 돌아오는 게 상처뿐이라면 그런 인연은 끌고 갈 필요가 없어요. 사회적 거리 두기처럼 어떤 사람과는 심리적, 물리적 거리 두기가 필요해요. 설령 그 대상이 가족이라 할지라도요. 그러면 그 상황을 좀 더 객관적으로 볼 수 있어요. 그리고 이때 또 하나 중요한 건 타이밍이에요. 모든 사람이 내가 알 수 없는 어떤 상태에 놓일 때가 있고, 그 상태는 변동 가능성이 커요. 그렇다 보니 나와 인연이 안 닿는 타이밍이 있을 수밖에 없어요. 그럴 때는 물리적 거리 두기가 필요해요.

끊임없이 자기 엄마와 심각한 수준으로 싸우는 딸이 있었어요. 이런 경우 주변 사람들은 자식을 나무라기 마련이죠. 대개 "엄마와 잘 지내봐. 엄마가 너 키우느라고 얼마나 힘들었는데, 딸인 네가 참아야지"라고 말해요. 그렇더라도 억지로 엄마와 잘 지내려 애쓸 필요 없어요. 좋은 사이가 되려는 마음을 내려놓는 거예요. 엄마는 엄마고 나는 나니까요. 그분은 결국 독립을 선택했고, 이후로 오히려 엄마와의 사이도 좋아졌어요.

자식이 부모를 공경하는 건 당연해요. 그런데 성경에 보면 "부모도 자녀를 노엽게 하지 말라"는 구절이 있어요. 부모 자신의 생각을 강요하지 말고 성인이 된 자녀를 독립된 개체로 인정하라는 거죠. 많은 부모들이 자신들은 공경받기를 원하면서 정작 자녀들에 대한 존중은 무시하는 경우가 많아요. 몇 번이나 내 생각을 전달했는데 부모가 바뀌지 않는다면 약간의 거리를 두고 지내보는 거예요. 그러면 죄책감도 덜고 오히려 사이가 좋아지는 계기가 될 수 있어요.

최설민 보통 관계에서 사이좋게 지내거나 손절하거나 둘 중 하나를 생각하는 사람들이 많아요. 그런데 그런 극단적인 선택보다는 잠깐 거리를 두고 지내다가 상대방이 긍정적인 상태일 때 다시 인연을 맺는다면 이전과 달리 좋은 관계로 회복할 수도 있다는 말씀이네요.

유은정 그렇죠. 인간관계가 참 힘들어요. 그래서 단단한 자존감이 필요하죠. 팁 하나를 알려드리자면, 일이든 관계든 너무 잘하려고 100퍼센트, 120퍼센트 애쓰지 마세요. 그냥 80퍼센트 정도만 하세요. 그러면 덜 억울하고 덜 상처받아요. 100퍼센트 이상의 노력을 쏟으면 상대방도 나한테 그만큼 해주기를 바라는 보상 심리가 작동할 수 있어요. 직장 동료든 친구든 50퍼센트의 사람만 날 좋아해도 성공적인 인간관계예요. 모든 사람이 나를 좋아해 주기를 바랄 필요 없어요.

놀심의 한 줄로 배우는 심리학

- ⋆ 누군가 자꾸 선을 넘는다면 물리적, 심리적 거리 두기를 해보세요. 오히려 관계를 회복시키는 기회가 됩니다.
- ⋆ 너무 잘하려고 애쓰지 마세요. 80퍼센트 정도만 하면 덜 억울하고 덜 상처받습니다.

평생 옆에 둬야 할 사람과 당장 멀어져야 할 사람의 차이

최명기 | 최명기정신건강의학과의원 원장

인기 있는 사람이 되려고 애쓰기보다는
어제보다 오늘, 작년보다 올해
조금 더 좋은 사람이 되어보세요.
지향성이 있다면 틀림없이 계속해서 좋은 사람이 됩니다.
그렇게 되면 저절로 좋은 사람이 내 곁에 머무는
행복하고 만족스러운 인생을 살 수 있다고 믿습니다.

최설민 살면서 어떤 사람을 만나느냐 하는 것은 우리의 인생에 아주 큰 영향을 주는 것 같습니다. 그런데 우리는 종종 곁에 둬야 할 사람과 그렇지 않은 사람을 구분하지 못해 어려운 상황에 놓일 때가 있어요. 내 삶에서 놓치면 안 되는 사람은 어떤 유형의 사람일까요?

최명기 첫 번째는 내가 어떤 사람이냐에 따라 달라집니다.

특히 나한테 중요한 사람인데 주변에서 "너 왜 그 사람 만나?"라고 해서 그 사람을 놓치는 경우가 있죠. 예를 들어 내가 누군가로부터 공감과 칭찬받기를 좋아하는 사람이라면 나에게 필요한 사람은 착한 사람이에요. 그 착한 사람이 나의 외적인 조건과 비슷하면 함께 어울려도 사람들이 뭐라고 하지 않아요. 그런데 그 외적 조건의 차이가 크면 주변 사람들이 "그런 사람 만나지 마. 격에 맞지 않아"라는 식으로 말합니다. 그 말대로 하면 평생 함께해야 할 사람을 놓치게 되는 거죠.

신나고 재미있게 노는 걸 좋아하는 사람이라면 그럴 수 있는 친구가 필요해요. 그런데 주변에서(특히 부모) "너는 도대체 왜 그런 애들이랑 어울려 다니는 거야. 네 인생에 도움이 안 되잖아"라고 말해요. 그런 말을 들으면 점점 그 친구들과 멀어지고, 부모의 바람대로 열심히 사는 삶을 선택하게 되죠. 그런데 그렇게 살다 보면 결국 나에게 남는 게 없어요. 나는 신나고 재미있게 노는 걸 좋아하는 사람인데 주변의 압박이나 혹은 자기 세뇌 때문에 그런 친구들을 놓치고 나와 맞지 않는 삶을 살다 보니 인생에 후회만 남는 거죠.

두 번째는 나를 좋아하는 사람입니다. 사람들은 주류인 집단에 속하고 싶어 하는 심리가 있어요. 하지만 그 주류에 있는 사람들이 나를 좋아하지 않을 수 있죠. 그러면 나는 나를 좋아하지도 않는 그 주류 집단에 속하기 위해 노력합니다. 그런데 그 주류 집단에 속하지 않은 사람 중에 나를 좋아하는 사람이 있을 수 있어요. 바로 그 사람을 소중히 여기고 친하게 지내면 되는데, 자신이 우월하다는 잘못된 생각으로 오히려 그들과 어울리는 걸 창피하게 여깁니다. 나를 좋아하고 내 자존감과 경제적 부분에도 도움이 되는 사람들을 업신여기면서 내가 좋아하는 사람들만 쫓아가면 진짜 내 곁에 둬야 할 사람들을 놓치게 되는 거죠.

세 번째는 곁에 있는 게 너무나 당연하게 느껴지는 사람입니다. 저처럼 말하는 걸 좋아하는 사람에게는 제 이야기를 잘 들어주는 사람이 필요하고, 실제로 그런 친구가 제게는 아주 소중한 사람이죠. 그런데 우리는 이렇게 나에게 도움이 되는 사람을 너무나 당연하게 여길 때가 많아요. 이런 사람들과 좋은 관계를 유지하기 위해 실질적인 노력을 할 필요가 있죠.

요즘 일할 사람 구하기가 힘들다고 말하는 업주들이 많아요. 직원을 채용할 때 우리는 그 사람이 일을 얼마나 잘하는지 알 수 없죠. 결국 좋은 사람을 직원으로 두는 방법은 일을 잘하는 사람을 소중히 여기고 내 곁에 두기 위해 노력하는 거예요. 예를 들면 칭찬이나 회식이 아니라 다른 사람보다 월급을 더 많이 주는 거예요.

함께 있으면 편안하고 웃음이 나는 사람

최설민 곁에 둬야 할 소중한 사람들이 주변에 많은데도 우리가 그걸 알아차리지 못해 그냥 지나칠 수도 있다는 생각이 들어요. 그런 좋은 사람들을 어떻게 알아볼 수 있을까요?

최명기 심리적인 측면에서 좋은 사람을 알아보는 방법은 우선 느낌입니다. 같이 있을 때 편하다고 느껴지는 사람, 같이 있으면 계속 웃음이 나는 사람은 우리가 곁에 둬야 할 사람이라는 신호예요. 다른 사람들이 그 사람의 흠을 잡거나 "너와 어울리지 않아"라고 이야기해도 그 사람은 나한테 소중한 사람입니다. 물론 공적인 관계에서는 다른 사람들의 조언을 귀담아듣고 반영할 필요가 있습니다. 하지만 사적인 부분에서는 나의 느낌을 자각하고 스스로 판단하는 게 중요해요.

예를 들어 아무리 열심히 공부해도 안 되니까 학업에 대한 기대보다 자기가 좋아하고 재미있어 하는 일을 해서 돈을 많이 번 사람이 있어요. 그러면 그 사람은 계속 그렇게 즐겁게 살면 돼요. 그런데 어느 순간부터 '즐기면서 사는 삶이 바람직하지 않다'는 생각이 들면서 죄책감이 드는 거예요. 또 돈을 많이 벌었으니 번 만큼 많이 써도 되는데 '이렇게 돈만 쓰며 사는 내가 한심해'라는 생각이 들기도 해요. 내 안에 나를 비판하는 내가 생겨났기 때문이에요.

'나를 비판하는 나'는 항상 나의 즐거움을 가로막아요. 내가 나에게 즐거움과 편안함을 주는 사람들과 함께하려고 하면 나를 비판하는 내가 어김없이 나타나 나에게 메시지를 날려요. '왜 쓸데없이 여기서 시간을 보내고 있어! 너한테 도움이 되는 사람을 만나!' 이런 메시지가 반복되면 나 스스로 내 느낌을 거부하고 외면하게 되죠. 이를 '내 안의 심판자'라고도 합니다.

최설민 내 안에 있는 모든 게 나를 위해 존재하듯이 '내 안의 심판자'도 나를 위해 존재하는 거 아닌가요?

최명기 그렇죠. 다만 이 심판자는 나를 속이는 거예요. 우리 안에 있는 모든 기관은 애초에 우리에게 고통을 주기 위해 존재하는 게 아니었어요. 퇴행하면서 나한테 고통스러운 존재가 된 거죠. 우리 몸은 신체 어느 기관이든 고통을 주면 그 고통을 없애는 데 집중해요. 그런데 마음에 관해서는 그렇지 않아요. 세상은 고통이 올바른 거라고 호도하면서 우리를 복종하게 만들죠. 물론 참고 견뎌야 하는 고통도 있어요. 그때는 고통을 견뎌야 하는 근본적인 이유를 잊으면 안 돼요. 그렇지 않으면 고통을 참는 게 올바른 일이라고 착각하게 돼요.

내 안의 심판자가 처음 생겼을 때는 별개였어요. 고통을 참지 않으면 더 큰 고통이 오거나, 고통을 참음으로 인해 더 큰 이익이 오거나 했었을 거예요. 그런데 그게 누적되고 종합화되다 보니 무조건 나한테 고통을 강요하면서 나의 즐거움을 거부하게 하는 심판자로 자리 잡은 거죠.

성공한 사람보다 성숙한 사람

최설민 나의 마음에 자리하고 있는 본연의 기능에 충실하고 내가 좋아하는 것에 집중할 필요가 있겠네요. 곁에 둬야 할 소중한 사람들과 좋은 관계로 지내려면 어떻게 해야 할까요? 평생 함께하고 싶다고 무조건 호의적으로 대하는 건 왠지 의도적인 부자연스러운 행동으로 보일 수도 있을 것 같습니다.

최명기 그러면 한번 입장 바꿔 생각해 보세요. 누가 나한테 무작정 잘해줬는데 그 행동이 가식적으로 보여서 그 사람이 싫어진 적이 있나요? 아마 거의 없을 거예요. 물론 그런 행동을 가식적으로 느끼는 사람도 있을 수 있죠. 최선의 선택이 최악의 결과로 나오기도 하고, 최악의 선택이 최선의 결과로 이어지기도 해요. A라는 행동의 성공률이 90퍼센트 정도라면 그건 괜찮은 선택인 거예요. B라는 행동의 성공률이 10퍼센트 정도라면 그건 나쁜 선택인 거예요. 그렇다면 무작정 잘해주는 게 그렇게 나쁜 결과를 가져오진 않는다고 봅니다.

다만 무작정 잘해주더라도 전략은 필요합니다. 무조건 내 마음 내키는 대로 잘해주는 게 아니라 가능하다면 상대방이 원할 때, 상대방이 원하는 형태로, 상대방이 원하는 만큼 잘해주는 거예요. 나는 무작정 잘해준다고 생각할 수 있지만 상대방은 무작정 착취당하고 있다고 생각할 수도 있거든요. 또 나를 싫어하는 사람, 나와 같은 공간에 있는 것 자체를 싫어하는 사람인데 그것도 모르고 친해지고 싶은 마음에 무작정 잘해주면 그 사람은 그만큼 더 나를 싫어하게 되는 역효과를 불러옵니다.

나한테 즐거움과 편안함을 주는 관계와 이익과 손해를 주는 관계의 경계가 모호한 상황이 있어요. 내 곁에 두고 싶은데, 그 사람이 나를 싫어하는 건 아니지만 그렇다고 해서 나와 꼭 함께할 필요도 없다고 느낀다면 그럴 때는 대가를 지불해야 합니다. 서로 마음이 잘 맞고 편안한 사이는 아니지만 어떤 이유로든 내 곁에 두고 싶은 사람이라면 적절한 대가를 치르는 게 관계를 유지하는 방법입니다. 세속적으로 보일 수 있지만 대가를 치른다고 해서 관계의 가치가 훼손되는 건 아니에요.

최설민 서로 마음을 나누는 편한 관계에서는 대가를 주고받을 필요가 없지만 어떤 이유로든 곁에 두고 싶은 사람과의 관계에서는 상대방을 위한다는 나 혼자만의 착각에 빠지는 게 아니라 정말로 상대방이 원하는 요구사항을 들어주고, 물질적으로든 시간적으로든 투자할 필요가 있다는 거네요. 그런데 좋은 사람을 곁에 두려면 나부터 매력적인 사람이 되어야 하지 않을까 싶습니다. 그렇게 되기 위해서는 어떤 노력이 필요할까요?

최명기 사실 나와 잘 맞는 친구들, 항상 곁에 둬야 할 재미있는 친구들과 잘 지내기 위해 일부러 매력적인 사람이 되려고 노력할 필요는 없어요. 매력적인 사람이 되려고 인위적으로 노력할수록 그 친구들과는 멀어질 수밖에 없어요. 실제로 내적으로 성장하거나 매력이 많아지거나 성공하면 친구가 바뀌기도 하고, 곁에 둬야 할 사람이 바뀌기도 해요. 나의 상태에 따라 달라지는 거죠. 성장하지 않고 정체되어 있으면 성인이 되어서도 곁에 있는 사람이 바뀌지 않아요.

성숙하고 넓은 마음을 가지면 그 사람과 친구가 되려는 사람이 늘어나지만, 정작 그 사람은 그때부터 자기처럼 마음이 넓고 성숙한 사람과 친구가 되고 싶어 곁에 두는 사람이 달라져요. 성장을 지속하는 사람의 경우에는, 마음을 나누는 편한 관계의 사람은 바뀌지 않지만 나머지 사람은 내가 어디에서 무엇을 하느냐에 따라 계속 바뀌어요.

마음의 성숙은 성공의 성취와는 달라요. 책도 많이 읽고, 인문학적 교양도 많이 쌓았지만 다른 사람이 보기에 별로 성숙하지 않아 보일 수도 있고, 그냥 직장 다니면서 매일매일 신나게 놀았는데 다른 사람이 보기에 성숙해 보이는 사람도 있어요. 진화심리학이나 진화생물학 연구에 따르면 인간의 성격은 태어나는 순간 60퍼센트 정도가 결정되어 있다고 합니다. 그런데 이 본성과 진성은 35세 이후에 작용하고, 이전까지는 오히려 양육과 환경의 영향을 더 크게 받아요. 그래서 한 개인이 어떻게 성숙할지, 어떻게 미성숙할지에 대해서는 알기가 어려워요.

의식적으로 매력적인 사람이 되려고 애쓰기보다는 그냥 오늘보다 내일 조금 더, 올해보다 내년에 조금 더 좋은 사람이 되고 싶다는 의지와 지향성을 갖는 게 중요해요. 그러면 틀림없이 계속해서 좋은 사람이 될 수 있고, 또 그렇게 되면 저절로 좋은 사람이 내 곁에 머무는 행복하고 만족스러운 인생을 살 수 있다고 믿습니다.

놀심의 한 줄로 배우는 심리학

- ⋆ 함께 있으면 계속 웃음이 나고 편안하게 느껴지는 사람이 있습니다. 바로 내 곁에 둬야 할 소중한 사람이라는 신호입니다.
- ⋆ 어떤 이유로든 내 곁에 두고 싶은 사람이라면 적절한 대가를 지불하세요. 대가를 치른다고 해서 관계의 가치가 훼손되는 건 아닙니다.

CHAPTER 4

착하기만 한 호구가 되지 않는 법

착한 사람이라는 말은 칭찬이 아닐 수도 있습니다.
다른 칭찬이 떠오르지 않아 얼버무린 대답일 수도 있고
호구 같다는 말을 돌려서 했을 수도 있습니다.
착한 사람이고 싶어서 남에게 과한 영향을 끼치며
다른 사람을 망가트리는 사람도 있지요.
착한 사람이 아닌 좋은 사람이 되는 법을 알아봅시다.

잘해주고 미움받은 기억이 있다면 알아야 할 ‘이것’

김태경 | 서원대학교 상담심리학과 교수

타인에게 베푸는 행위로 자기 가치를 확인하기보다는
자기 자신을 돌보는 게 우선인 것 같아요.
스스로 자신을 돌보는 제일 좋은 방법은
‘나만의 시간’을 갖는 거예요.
주변의 평가나 시선을 신경 쓰지 않고
오롯이 나로 존재할 수 있는 시간을 갖는 거죠.

최설민 살다 보면 유독 나를 힘들게 하는 사람들이 있어요. 그런데 차라리 대놓고 나를 힘들게 하는 사람이라면 쉽게 파악할 수 있지만 은연중에 나를 망치는 행동을 하는 사람을 쉽게 알아차리기는 어려운 것 같습니다. 그런 사람들의 특징이나 행동을 어떻게 파악할 수 있을까요?

김태경 사실 은연중에 나를 괴롭히는 사람을 파악하겠다는 동기를 갖는 것 자체가 어려워요. 특히 우리가 지금 이야기 하려고 하는 인에이블러enabler들은 상대방을 위해 헌신하는 모습을 보이기 때문에 그 행위가 부적절하다고 인식하기가 어렵죠. '인에이블러'는 본인은 자기가 남을 도와주고 있다고 생각하지만 실제로는 남을 망치고 있는 사람을 의미해요. 이런 유형의 사람들을 한마디로 '조장자'라고 합니다. 상대방이 가지고 있는 성향을 조금 더 발휘하게 만든다고 할 수 있어요.

예를 들어 의존적 특성이 있는 사람을 위해서 그 사람이 필요로 하는 것을 제공해 주는 거예요. 겉으로는 '돌봄'인 것처럼 보이는 이런 행위를 통해 상대방이 자기에게 계속 의존하도록 만드는 거죠. 아이러니하게도 전통적으로 희생정신이 투철하고 헌신적인 사람들이 하는 행위가 때에 따라서는 조장이 될 수 있어요. 예를 들어 자녀가 독립적으로 뭔가를 하겠다고 선언했어요. 그런데 부모가 보기에는 그 활동이 아이에게 득이 될 것 같지 않아요. 그래서 아이를 위해 부모가 앞장서서 그 장애물을 제거해버려요.

부모의 이런 행동은 얼핏 아이가 독립적으로 자신의 삶을 꾸려나가는 데 도움이 되는 것처럼 보이지만 사실 아이는 실패를 경험함으로써 거기에서 무언가를 배울 기회를 얻지 못하는 거죠. 결국 독립적으로 자기 삶을 꾸리기 위해 필요한 도전정신이나 문제 해결 능력 등을 학습할 기회를 놓치고 마는 거예요. 아이가 직접 해보고 실패를 겪어봐야 그 선택이 잘못되었다는 걸 몸소 느낄 수 있는데, 아이를 위해 발 벗고 나섰던 부모의 행동이 아이의 의존성을 조장하는 결과를 낳는 거죠.

최설민 부모와 자식의 관계뿐만 아니라 사제관계나 연인관계, 친구관계 등 우리의 일상 속 다양한 인간관계에서도 이런 현상이 나타날 수 있을 것 같습니다. 인에이블러가 위험할 수 있는 이유는 뭘까요?

김태경 인에이블러는 겉으로는 위험할 이유가 없어 보여요. 예를 들어 부모가 자녀에게 하는 적절한 돌봄은 분명 필요하니까요. 그렇더라도 자녀의 삶은 자녀의 몫이에요. 자신의 방식대로 자신의 인생을 살아가야 하는 거죠. 그런데 인에이블러들은 마땅히 상대방이 해야 할 일임에도 불구하고 자신이 대신 해줘요. 이런 행위가 겉으로는 대단한 희생과 봉사처럼 보이지만 결과적으로는 상대방의 기회를 박탈하는 거예요.

인간은 누구나 뭔가를 직접 해내는 것에서 느끼는 희열이 매우 크고, 그것을 추구하려는 경향이 강해요. 그 희열을 느낄 때 사람은 '인생에서 스스로 해내는 게 이렇게 가치 있고 의미 있는 일이구나'라는 걸 체득하게 되죠. 그래야만 인생의 굴곡에서 쉽게 무너지지 않고 '결국 내가 해내면 큰 즐거움이 올 거야'라고 기대하며 버틸 수 있어요. 그런데 인에이블러들이 의도했건 아니건 그 희열을 느낄 기회를 제거해버리는 거죠. 그러면 고난이 닥쳤을 때 쉽게 포기해버리고 싶은 마음이 들 수밖에 없어요.

섣부른 선의가 한 사람의 삶을 망칠 수도 있다

최설민 의도했든, 의도하지 않았든 상대방이 경험을 통해 몸소 체득해야 할 기회를 박탈함으로써 그 사람의 성장과 성숙을 가로막는 행위가 될 수 있는 거네요. 인에이블러의 이런 행동으로 인해 결국 파국으로 치닫게 되는 예로는 어떤 게 있을까요?

김태경 제가 10년 전쯤에 개발이 덜 된 국가의 도시를 방문한 적이 있어요. 그곳에서 아주 어린 아이들이 관광객을 쫓

아다니며 1달러를 달라고 하는 거예요. 우리 일행도 그 아이들에게 둘러싸였는데 일행 중 한 명이 한 아이에게 1달러를 줬어요. 그 이후 그 사람은 1달러를 달라고 하는 여러 아이들에게 둘러싸여 관광을 거의 하지 못했죠. 그리고 가이드로부터 1달러를 주는 행위에 대해 엄청난 꾸지람을 들었어요.

당시 그 지역에서 1달러는 엄청난 노동을 해야만 가질 수 있는 돈이었는데, 단지 "1달러 주세요"라는 요구만으로 쉽게 돈이 생기면 부모들이 (아이들을 사랑하는 마음이 없진 않겠지만) 당장 먹고살기 위해 어리고 무기력해보이는 자녀들을 학교에 보내는 대신 1달러를 구걸하라고 내보낸다는 거예요. 문제는 제때 교육도 받지 못하고, 기술을 습득할 기회도 갖지 못한 이 아이들이 더 이상 연민을 자극해 1달러를 구걸할 수 없을 만큼 성장하고 나면 할 수 있는 게 아무것도 없다는 거예요.

그렇게 되면 그 나라의 젊은이들은 독립적으로 땀 흘려 일하며 미래를 설계해 나가는 건실한 청년이 되기 어려울 수 있는 거죠. 그 순간 그 아이들에게 1달러를 주는 나는 꽤 괜찮은 사람처럼 느껴질 수 있어요. 불쌍한 아이들을 외면하는 건 나쁜 일이라고 생각하니까요. 1달러를 받은 아이들도 당장은 기쁘죠. 하지만 장기적인 면에서는 그들의 삶을 망쳐버리는 행동일 수 있는 거예요.

최설민 인에이블러의 행동이 그렇게 무서운 결과를 낳을 수도 있군요. 그렇다면 혹시 나도 모르는 사이에 나 자신이 인에이블러처럼 행동하고 있을 수도 있을 것 같아요. 그걸 알아볼 방법이 있을까요?

김태경 내가 혹시 상대방이 청하지 않은 도움을 주고 있지는 않은지 점검해 보는 거예요. 상대방이 어떠어떠한 도움을 원할 거라 추측하고, 내가 그에 맞는 도움을 주지 않으면 나쁜 사람인 것 같은 느낌이 들어 참을 수 없는 거죠. 상대방이 요구하지 않아도 자신이 앞서서 돌봄이나 도움을 제공하는 거예요. 상대방 입장에서는 자신이 원하지도 않는 도움을 받는 게 항상 즐거운 건 아니거든요. 특히 의존적이지 않은 사람일 경우에는 원치 않는 도움을 오히려 불편하게 느끼고 그런 감정을 상대방에게 직접적으로 표현하기도 하죠.

반면에 자신이 원치 않는 도움이긴 하지만 이를 거절하는 건 나쁜 행위라고 생각해서 그냥 받아들이는 사람도 있고, 반복적으로 도움을 받다 보면 그게 마치 당연한 자기 권리인 것처럼 생각하는 사람도 있어요. 도움을 주지 않으면 나쁜 사람이 될 것 같은 불안감 때문에 상대방에게 돌봄이나 도움을 제공했는데 결과적으로는 상대방을 망치게 하는 거죠. 정당한 것과 정당하지 않은 것을 구분하지 못하는 사람으로 만들 수도 있기 때문이에요.

타인에게 향한 관심을 나에게로 돌리기

최설민 나도 모르게 인간관계에서 행해지는 인에이블링을 어떻게 근절할 수 있을까요?

김태경 인에이블러들은 대부분 자존감이 낮아요. 내가 누군가에게 꽤 쓸모 있는 사람일 때만 가치 있다고 생각하는 거예요. 그래서 사람들이 나를 원하지 않고 나 혼자 있는 시간에는 공허감을 느낄 수 있어요. 만약에 내가 상대방이 청하지도 않은 돌봄을 제공하기를 멈췄을 때 큰 공허감과 무가치감을 느끼는 사람이라면 인에이블러일 가능성이 매우 높아요. 그렇다면 이제 그 관심을 자기 자신에게로 돌려야 해요. 자기 자신과 친해지지 않으면 타인과 친해지는 건 거의 불가능해요.

타인에게 뭔가를 베푸는 행위를 통해 자기 가치감을 확인하기보다는 자기 자신을 돌보는 게 우선인 것 같아요. 스스로 자신을 돌보는 제일 좋은 방법은 '나만의 시간'을 갖는 거예요. 오롯이 나로 존재할 수 있는 시간을 갖는 거죠. 극단적인 예이긴 한데 제가 자주 사용하는 방법 중 하나가 '지뢰 찾기'예요. 말도 안 되는 것 같지만 넋을 놓고 그걸 하다 보면 주변이 완전히 사라져버리고 오롯이 나하고 지뢰만 남는 경험을 하게 됩니다.

꼭 이런 방법이 아니더라도 자신이 몰입할 수 있는 뭔가를 찾아내면 오롯이 나로 존재하는 경험을 할 수 있어요. 대수롭지 않은 것 같지만 가령 커피를 내리는 행위만으로도 충분히 나에게 집중할 수 있어요. 직접 손으로 커피를 갈고 조금씩 물을 부어 커피를 내리고 그 향을 맡으며 천천히 음미하는 그 과정에서 오롯이 나로 존재하는 나만의 시간을 갖는 거죠.

이보다 더 쉬운 방법은 '멍때리기'예요. 그리고 몸을 움직일 수 있다면 '걷기'도 아주 도움이 많이 됩니다. 혼자 오롯이 자기 자신에게 귀 기울일 수 있는 시간, 더불어 주변의 평가나 시선에 신경 쓰지 않고 물아일체가 되는 짧은 시간 동안의 경험으로도 충분해요. 가령 풀밭에 앉아 하늘을 올려다보는 것만으로도 충분히 도움이 됩니다.

최설민 저도 그렇고 많은 사람들이 하루 중 혼자 있는 시간이 꽤 많은데 혼자 있다고 해서 무조건 다 도움이 되진 않을 것 같습니다.

김태경 맞아요. 혼자 외롭게 있는 것과는 조금 다른 개념이에요. 내가 나 자신과 만나는 것이기 때문에 엄밀히 말하면 혼자는 아닙니다.

최설민 오랫동안 내가 누군가를 상대로 돌봄이나 도움을 주는 행위를 해오다가 갑자기 그 행위를 끊기가 굉장히 두려울 수도 있을 것 같아요. 그럴 때는 어떻게 하면 좋을까요?

김태경 일단 갑자기 끊으면 스스로 강력한 죄책감을 느낄 수밖에 없는 금단 증상이 나타날 거예요. 그 죄책감과 싸우는 게 돌봄이나 도움을 주는 것보다 더 어려워요. 특히 누군가로부터 도움이나 돌봄을 받는 행위를 오히려 익숙하고 편안하게 느껴서 인에이블러로 하여금 그 행위를 더 하도록 조장하는 상대라면 그 행위를 중단했을 때 자기에게 정성과 사랑을 기울이지 않는다고 비난할 수도 있거든요.

그런 경우에는 죄책감이 더 클 수밖에 없죠. 그래서 좋은 방법은 갑자기 끊기보다 조금씩 줄여가는 거예요. 상대방에게 도움이 필요한 상황이 아니라는 게 분명할 때는 도움을 주는 행동을 멈추고 잠깐 자기 자신을 돌보는 식으로 반복해서 연습하는 거죠. 그리고 상대방에게 그것을 분명하게 알리는 것도 또 하나의 좋은 방법이에요.

최설민 의존자도 그렇지만 오랜 시간 인에이블러로 살게 되면 자신의 삶을 잃어버릴 수도 있다는 생각이 듭니다.

김태경 인에이블러는 자신을 위해서가 아니라 남이 부여한 의미를 추구하기 위해서 자신의 피와 살을 깎아내는 사람들이에요. 우리가 흔히 말하는 헌신과는 결이 조금 달라요. 나 자신을 잘 챙기면서 남을 위해 헌신한다면 건강하다고 할 수 있지만 인에이블러의 헌신은 자기 것까지 내어주는 방식이기에 건강하다고 볼 수 없어요. 공허함을 느끼면서도 상대방을 위해 끊임없이 뭔가를 제공하기 때문에 장기적으로는 행복한 사람이 되기 어려워요.

최설민 소중한 사람을 위한 행위라고 생각하지만 그런 선택으로 인해 나도 모르게 단 하나뿐인 나의 삶을 갉아먹고 있는 건 아닌지 생각하게 되는 것 같습니다.

놀심의 한 줄로 배우는 심리학

- 섣불리 도움을 제공하지 마세요. 상대방의 기회를 박탈하고 그의 삶을 망치는 부정적인 결과를 낳을 수 있습니다.
- 내 것까지 내어주는 방식은 건강한 헌신이 아닙니다. 그렇게 느껴진다면 일단 멈추고 자신을 먼저 돌보세요.

헌신적인 사람 주변에 행복한 사람이 없는 이유

김태경 | 서원대학교 상담심리학과 교수

사람들은 선택하는 걸 좋아하는 것처럼 보이지만
사실 대부분은 선택을 두려워해요.
결과에 대한 걱정과 책임을 회피하고 싶기 때문이죠.
선택의 자유를 누릴 마음의 준비가 안 되어 있는 거예요.
작은 화초를 키우며 책임지는 연습을 해보세요.
별것 아니지만 분명 책임지는 일에 자신이 생길 겁니다.

최설민 인에이블러(조장자)가 그 행위를 지속하는 이유 중에는 그들에게 의존하는 사람들이 있기 때문일 수도 있을 것 같습니다. 인에이블러에게 의존하는 사람은 어떤 특징을 가지고 있나요?

김태경 인에이블러가 베푸는 헌신과 사랑에 너무 익숙해져서 그것이 당연한 것처럼 생각하는 사람은 얼핏 큰 문제가 없어 보이기도 해요. 하지만 인에이블러로 인해 삶에서 부딪치는 여러 가지 문제들을 해결하는 능력과 그걸 통해 갖게 되는 성취감과 즐거움의 기회를 박탈당한 사람들이죠.

최설민 "우리 가족은 행복해지기 위해 굉장히 노력하는데 자꾸만 안 좋아지고 구렁텅이로 빠지고 있어요"라고 말하는 사람들이 있습니다. 왜 잘 지내려고 할수록 불행한 사이가 되는 걸까요?

김태경 우리는 흔히 상대방이 나에게 많은 걸 베풀고 나를 위해 애써주면 당연히 행복할 거라 생각하지만 사실은 그렇지 않아요. 누군가 내게 베푸는 온정과 헌신이 불편한데 'No'라고 말하지 못하는 것뿐이에요. '나는 이걸 해보는 게 내 인생에서 너무 중요하니 내가 그냥 이걸 하도록(실수하도록) 내버려두세요'라고 말하면 상대방이 실망할까 봐 그런 거죠. 그런 이유로 거절하지 못하면 상대방은 더 많은 인에이블링을 하게 되고, 결과적으로 나는 더 의존적인 사람이 되는 거죠.

또 인에이블러가 의존자를 만들지만 의존자가 인에이블러를 더욱 인에이블러답게 만들기도 해요. 그런 면에서 의존자는 단순 의존자가 아니라 의존자 겸 조장자, 즉 또 다른 인에이블러가 되는 거죠. 이 상호작용의 고리를 끊기가 쉽지 않아요. 가족의 행복을 위해 각자의 방식으로 최선을 다하지만 서로 불행해지는 결과를 낳는 거죠.

최설민 인에이블러가 의존자를 조종하고, 그 의존자가 또 인에이블러를 더욱 인에이블러답게 조장하는 이런 악순환이 지속되면 어떤 상황에 이르게 되나요?

김태경 한 부부가 있어요. 아내가 인에이블러이고 남편은 의존자예요. 남편은 만성 우울증이 있는데 아이러니하게도 아내가 남편의 이 우울증을 조장해요. 남편은 기분이 좋지 않으면 가정을 돌보는 모든 행위를 안 해도 되는 것처럼 행동하면서 인에이블러인 아내의 보살핌이 없으면 큰일 날 것 같은 모습을 보여요. 남편의 이런 행동은 아내를 더 강한 인에이블러로 만들고, 아내는 남편을 더 의존적으로 만드는 결과를 가져오죠.

이 부부는 상호의존관계, 상호조장관계예요. 남편은 항상 침대에 누워 있거나 자기 멋대로 행동해도 그것이 마치 당연한 권리인 것처럼 느끼고, 아내는 자신의 삶이라고는 한

조각도 없는 사람처럼 모든 시간을 가족을 위한 희생으로 채워요. 돌아오는 보상은 대단한 아내, 대단한 엄마라는 세상의 평판뿐, 결과적으로는 남편의 삶도 망가지고 아내의 삶 역시 망가진 거죠.

무책임한 의존자 뒤에 조장자가 있다

최설민 의존자인 이 남편의 경우처럼 아무것도 하지 않고 무기력한 삶을 살아가는 사람을 상대로 무엇을 어떻게 해 주어야 할까요?

김태경 그 사람한테 특별히 뭔가를 해줄 이유는 없어요. 우울감을 떨치고 일어나는 건 그 사람의 몫이니까요. 그 사람 대신 내가 먼저 많은 것을 해결해 주는 건 오히려 그 사람의 우울감을 부추기게 돼요. 그 사람이 우울감에서 벗어나기 위해 도움을 청하면 그때 도움을 제공하는 거예요. 우리가 어떤 의사결정을 할 때 'A'를 선택하려고 마음먹었는데 누군가 옆에서 "A를 선택하세요"라고 결정해 주면 설령 내가 처음부터 A를 선택하려고 마음먹었더라도 주변 사람의 코치로 A를 선택한 것처럼 생각하게 돼요.

그러면 그 선택의 결과가 좋지 않았을 때 나는 그 책임을 안 져도 된다고 생각해요. 'A'를 선택하라고 코치한 사람의 탓으로 돌릴 수 있기 때문이에요. 스스로 결과에 따르는 책임을 져야 다음부터 같은 실수를 하지 않으려 노력하게 되는데, 책임에서 자유로우면 비슷한 선택을 반복하게 돼요. 그때도 누군가 대신 결정해 주길 바라게 되고, 결과적으로 무책임한 사람이 되는 거죠. 엄밀하게는 그를 무책임하게 만드는 조장자가 있는 거예요.

가정폭력이나 알코올중독 같은 가정 내 여러 가지 문제들이 쉽게 대물림된다는 건 이미 다 잘 알고 있을 거예요. 예를 들어 아내를 폭행하는 남편이 있어요. 그러면 아내는 당연히 남편의 폭력에 저항하고 이런 식의 행동이 계속되면 더 이상 혼인관계를 유지할 수 없다고 확고하게 의사를 표현하고 법적 처벌을 받게 하는 게 상식이죠. 그런데 그렇게 하는 아내는 거의 없어요. 그 대신 아이들에게만은 폭력을 행사하지 않기를 바라는 마음에 폭력자의 비위를 맞춰요. 심지어 내가 잘못하지도 않았는데 잘못을 고백하기도 하죠.

그러면 폭력자인 남편은 어떻게 생각할까요? 아내는 맞아도 될 만한 행동을 하는 나쁜 사람이고, 자신은 폭력을 행사

해도 되는 사람이라고 믿어요. 처벌받지 않았으니까요. 그래서 계속해서 폭력을 행사하고 그 수위가 점점 더 높아져요. 그러면 그럴수록 아내는 더 남편의 비위를 맞추게 되죠. 아내를 비난하는 건 아니지만 안타깝게도 남편의 폭력이 강도 높게 오래 지속되도록 아내가 조장한 결과를 낳아요.

이런 식의 인에이블링이 지속되면 아이들은 그렇게 비위를 맞추는 게 최선의 선택이라고 학습하게 돼요. 머리로는 엄마처럼 살지 않겠다고 생각하지만 유사한 상황에 내몰리면 학습한 대로 상대방의 비위를 맞추고 있는 자신을 발견하게 되죠. 나아가 이 대물림된 인에이블링을 자기 배우자나 자식에게 똑같이 하게 되고, 그 이후 세대 역시 그걸 답습하는 악순환이 반복되는 거죠.

최설민 수동적인 사람만 의존자가 되는 게 아니라 폭력을 행사하는 사람도 의존자가 될 수 있다는 뜻인가요?

김태경 이 관계가 매우 복잡해서 '조장하면 상대방이 의존자가 된다'는 단편적인 메커니즘으로 이해하면 안 돼요. 이 폭력 가정의 사례에서 남편은 의존자가 아니라 또 다른 조장자예요. 이 남편은 폭행을 지속함으로써 아내를 굴복하게 만들고, 어떤 면에서는 심리적으로 자기에게 의존하게 만들어요. 그러면 아내는 조장자이자 의존자가 되는 거죠. 그래서 상황마다 개념을 다르게 이해할 필요가 있어요. 가령 내가 어떤 대상에게는 조장자이지만 또 다른 대상에게는 의존자일 수도 있고, 또 같은 대상에게 조장자와 의존자 둘 다의 모습을 보일 수도 있어요.

나의 도움을 원한다고 믿는 건 나만의 착각

최설민 내가 의존자인지 아닌지 확인할 방법이 있나요? 그리고 그런 관계를 깨기 위해 의존자는 어떤 역할 행동을 해야 할까요?

김태경 내 주변에 일방적으로 헌신만 하는 사람이 있다면 내가 의존자일 가능성이 있어요. 예를 들어 가족 구성원 중 자신의 삶을 너무 많이 희생하고 살아가는 사람이 있다면 다른 구성원이 그 사람에게 의존하고 있을 가능성이 커요. 그게 나일 수도 있어요. 내가 의존자라는 생각이 들고 거기에서 벗어나고 싶다면 상대방이 지나치게 대신 해주려 할 때 분명하게 'No'라고 말하면 돼요. 매우 단순한데 사실 그 말을 잘 못하죠. 상대방이 실망할까 봐 그렇기도 하고, 책임에서 벗어나고 싶어서이기도 해요. 그것들을 제거하려면 기꺼이 내가 책임질 마음의 각오가 필요해요.

얼핏 인간이 선택하는 걸 좋아하는 것처럼 보이지만 많은 경우 선택을 두려워해요. 그래서 등장한 게 '짬짜면'이에요. 짜장과 짬뽕 중 하나를 결정하는 데 어려움을 느끼는 사람들을 위해 두 가지가 함께 있는 짬짜면을 출시하게 된 거죠. 그런데 이 제품은 의외로 큰 인기를 얻지 못했어요. 짬짜면을 먹어본 사람들이 이도 저도 아닌 맛이라고 느낀 거예요. 사람들이 선택을 두려워하는 이유는 선택의 결과에 대한 걱정과 책임을 회피하고 싶은 마음 때문이에요. 선택의 자유를 누릴 마음의 준비가 안 되어 있는 거죠.

실존주의에서 이야기하는 선택과 자유처럼 책임질 각오를 하고 의사결정을 하면 점점 자유가 늘어나고 삶이 훨씬 풍요로워져요. 그런데 당장 뭔가 결정하면 책임져야 할 나쁜 일이 엄청나게 생길 것 같은 두려움이 앞서는데 대개 의존자들이 그래요. 마음대로 뭔가 한번 해보는 것조차 허락받지 못했고, 내 맘대로 했다가는 그 어리석은 결정으로 큰 문제를 만드는 것처럼 학습되었기 때문이에요. 그래서 먼저 이 단계를 넘어서는 게 중요해요.

최설민 자신의 선택을 책임지는 것에 대한 두려움이 마음속에 있는 거네요. 그 두려움이 너무 클 때 어떻게 하면 그 두려움을 떨쳐낼 수 있을까요? 또 내 주변에 의존자가 있을 때 어떻게 갈등을 최소화하면서 문제를 잘 해결해 나갈 수 있을까요?

김태경 먼저 작은 것에서부터 스스로 책임지는 연습을 해보는 거예요. 예를 들어 작은 화초를 한번 키워보는 거죠. 그러면 그 식물의 생명을 내가 책임져야 할 것 같은 부담감이 생기면서 그 식물에 관심이 깊어져요. 물도 주고, 바람도 맞게 하고, 해가 드는 쪽으로 자리도 옮겨주게 되죠. 별것 아닌 일 같지만 이런 경험이 쌓이면 책임을 지는 게 꽤 괜찮은 일이라는 감각이 생겨납니다.

주변에 의존자나 조장자가 있을 경우 내가 그들의 삶에 관여해 코칭을 하는 건 썩 권하고 싶지 않은 일이에요. 그들을 바라보는 내가 이미 조장자가 되어 있을 수도 있어요. 그들의 삶이 한심하고 답답해 보여서 관여하고 싶은 마음이 들었다는 것 자체가 이미 그들을 조장할 마음을 먹었다는 뜻일 수 있거든요. 그런데 그들은 이미 자신들만의 삶의 방식에 익숙해져 있기 때문에 변화의 필요성을 못 느낄 가능성이 커요.

그렇다면 내가 선한 의도로 하는 이런저런 조언이 그들에게 과연 도움이 될까요? 그렇지 않아요. 다만 그들이 스스로 변화를 시도할 필요가 있다고 느끼고 내게 도움을 요청하는 순간에는 여러 가지 조언을 해주는 것도 괜찮죠. 분명 그런 시기가 올 거고, 그때까지 기다리는 거죠. 나도 모르는 사이 나의 어떤 미묘한 행동이 그들을 조장하는 데 일조했을 수 있는데, 그런 행위를 그만두는 것만으로도 그들에게 도움이 되지 않을까 해요.

최설민 의존자에게 너무 잘해주고 이것저것 챙겨주다가 갑자기 그런 행위를 멈추면 의존자가 서운해하거나 나를 비난할 수도 있을 것 같습니다. 그럴 때는 어떻게 대처해야 할까요?

김태경 지금껏 해온 모든 행동이 적절하지 않았다는 걸 상대방에게 분명하게 밝히고, 이제 그 행위를 그만두기로 했다는 걸 단호하게 통보하는 정도면 족하지 않을까 싶어요.

물론 그 과정이 쉽지 않죠. 용기도 필요하고요. 예전과 달라진 나를 수용하지 못하는 사람들이 많은 불평불만을 토로할 수도 있어요. 그걸 견디는 게 어려워서 원래의 상태로 돌아가기도 해요.

저도 때에 따라 여전히 누군가를 조장하고 있는 것 같긴 해요. 그래서 '이건 나 스스로 즐겁기 위해 하는 거니까 대가를 바라지 말아야지'라며 나 자신을 합리화하죠. '나의 인에이블링으로 인해 상대방의 즐거움과 깨달음의 기회를 박탈하는 건 아닌가?'라고 물었을 때 그렇다는 판단이 서면 안 하려고 애써요. 그러면 의존자에게 'No'라고 말하기도 훨씬 쉽죠. 사실 이야기를 나눠보면 상대방도 나의 도움을 원치 않을 경우가 많아요. 나 혼자 원할 거라고 착각한 것뿐이죠. 그런 경우에는 우리가 걱정하는 것만큼 큰 불만이나 갈등이 생기지 않아요.

최설민 그러면 상대방에게 "이렇게 해주기를 원해?"라고 물어보는 건 도움이 될까요?

김태경 그렇죠. "내가 지금 당신에게 이걸 해주려고 하는데, 당신이 원하는 거 맞아?"라고 물어보고, 상대방이 "No"라고 대답하면 해주지 말아야죠. 별것 아닌 것 같지만 이건 정말 중요해요. 이런 대화 방식이 쌓이면 상대방을 존중하는 마음이 커지고, 내가 원하는 것과 원하지 않는 것을 분명하게 표현할 용기가 생겨요.

놀심의 한 줄로 배우는 심리학

- ★ 가족이라는 혹은 사랑이라는 이름으로 뭐든 다 해주려고 하지 마세요. 그를 무책임한 의존자로 만드는 지름길입니다.
- ★ 도움의 손길을 멈추면 상대방이 서운해하거나 나를 비난할 거라는 생각은 나만의 착각일 수 있습니다. 그도 나의 도움을 원치 않았을 가능성이 크기 때문이에요.

착할수록 손절의 늪에 빠지는 이유

전소정 | 한국열린사이버대학교 상담심리학과 교수

매력적인 착한 사람은 본인의 역량을 잘 아는 사람이에요.
남에게 호의를 베풀 수 있는 나의 임계치를 확실히 아는 거죠.
내가 할 수 있는 것과 없는 것을 구분할 수 있는,
즉 나 자신에 대해 충분히 아는 사람입니다.
내 능력 안에서 호의를 베풀어야 긍정적인 관계를
유지할 수 있고, 그런 사람들이 매력적이죠.

최설민 주변 사람들로부터 항상 착하다는 말을 듣긴 하지만 누구와도 깊은 인간관계로 발전하지 못하고 오히려 서서히 멀어지는 사람들이 있어요. 이런 사람들이 가지고 있는 공통적인 특징이 있을까요?

전소정 우리는 대개 '착한 사람'이라고 하면 '선한 사람'을 떠올려요. 제가 느끼는 착한 사람의 이미지는 부모에게 순종적이고 거짓말하지 않는 자식, 평소 예의 바르고 잘 웃고 온화한 느낌을 주며 호의적인 태도를 보이는 사람, 상대방의 요구나 부탁을 거절하지 않고 들어주는 사람들을 우리는 '착하다'라고 표현하는 것 같아요.

'착하다'의 사전적 의미는 그 사람의 성품과 인품, 인성 자체를 뜻하는 의미일 텐데, 실생활에서는 내 이야기를 잘 들어주고 온화한 미소로 늘 수용적인 태도를 취하며 내가 뭔가를 요청했을 때 부응하면 그 사람을 '착하다'라고 표현해요. 순전히 내 입장에서 판단하는 거죠. 이런 기준으로 볼 때 착한 사람은 아주 사소하고 미묘한 것에서도 갈등을 유발하거나 피해를 끼치지 않으려 애쓰고 노력하는 사람들이에요.

최설민 우리가 보통 '착하다'라고 표현할 때 그 의미가 두 가지로 나뉘는 것 같습니다. 상대방의 착한 행동이 매력적으로 느껴지는 경우와 그 반대의 경우인데요, 교수님께서 설명하신 '착하다'의 의미는 후자 쪽이 아닌가 싶어요. 많은 부분을 타인에게 맞춰주는데 왜 사람들이 멀어질까요?

전소정 그게 참 안타까운 일인데요, 착한 사람 입장에서 상대방에게 호의를 베풀거나 또 그 관계 속에서 어려움이 있더라도 잘 해결할 수 있는 자원과 탄력성이 충분하면 그것이 매력적인 요인으로 작용할 수 있어요. 그러나 착한 사람의 내면에 두려움, 불편함, 압박감 등이 쌓여 있으면 자신의 메시지가 상대방에게 잘 전달되지 않고, 관계에서도 분명한 온도 차이가 나타날 수 있어요.

착한 사람 입장에서는 자신의 호의와 배려를 상대방이 알아줄 거라고 기대하지만, 호의가 반복되면 상대방은 그것을 고마워하기보다 오히려 나를 만만한 사람으로 여기게 되죠. 심하게 표현하면 호구가 되는 거예요. 결과적으로 착한 사람 입장에서는 자신이 기대하는 바를 이루기 위해 한 행동이 상대방에게는 권리가 되어버리는 거죠. 그러면 매력이 떨어질 수밖에 없어요.

최설민 그런 사람들에게서 흔히 나타나는 행동이나 말의 공통적인 패턴이 있지는 않을까요? 있다면 구체적으로 어떤 걸까요?

전소정 관계 속에서 내가 해소할 수 있을 만큼 배려하고 호의를 베푸는 건 좋으나 그렇지 않을 때는 마음속에 불편한 감정이 쌓이게 되고 섭섭한 마음이 들게 되죠. 고마워할 거라고 기대했는데 상대방이 당연한 권리인 양 받아들이면 섭섭함이 괘씸함이 되고, 울적한 마음이 우울감이 되고, 피해의식이 생기고 부적절감이 쌓이게 되죠. 그러면 타인에게 불명확한 메시지가 전달될 가능성이 매우 커요. 나의 의사를 모호하게 표현하게 되는 거죠.

앞에서는 습관대로 '네, 알겠습니다'라고 하지만 눈빛이나 태도 같은 비언어적인 부분에서 석연치 않은 부분이 표출되는 거예요. 그렇게 앞에서는 '네'라고 해놓고는 돌아서서 문을 쾅 하고 닫는다거나 고의적으로 상대방의 말을 무시하는 경우를 '수동 공격형'이라고 해요. 이런 유형은 그런 감정이 쌓이고 쌓여 그 상황을 조절할 수 없는 상황에 이르면 갑자기 연락을 끊는 식의 극단적인 선택을 하기도 합니다.

착한 사람들의 인간관계가 원만하지 못한 또 다른 이유는 착한 사람으로 살아야 하는 것에 대한 엄청난 압박과 부담 때문일 수 있어요. 친밀한 인간관계를 맺고 싶지만 그럴 때마다 상대방의 요구를 다 수용해 주는 착한 사람이어야 한다는 압박감이 두려워 스스로 거리를 두거나 멀어지는 경우가 생기는 거죠.

혼자 남겨질지도 모른다는 불안감과 수치심의 경험

최설민 상대방이 나를 만만하게 보기도 하지만, 상대방의 요구를 다 들어주는 게 부담스러워서 나 자신도 가까워지려고 하지 않는 거네요. 그런 상황에 놓인 사람들에게서 두드러지게 나타나는 말과 행동이 있나요?

전소정 오늘날 우리 사회에서 '공감'은 아주 중요한 미덕으로 여겨지죠. 물론 중요하지만 공감만이 답은 아니에요. 그럼에도 그것에 대한 압박감을 크게 느끼는 사람들은 지금 당장 해야 할 급한 일이 있는데도 타인의 부탁을 거절하지 못하고 상대방의 이야기를 끝까지 들어줘요. 당연히 에너지가 소진될 수밖에 없죠. 부탁을 들어주지 않거나 이야기를 들어주지 않으면 상대방이 서운해하고 상처받을 수 있다는 생각 때문에 계속해서 거절하지 못해요.

이런 일이 반복되면 개인의 삶에 적잖은 피해가 생기기도 해요. 상대방이 서운해할까 봐 호의를 베풀었는데 그 행동이 나 자신에게 피해를 주는 결과를 낳는 거죠. 뭔가를 결정하거나 판단할 때 나의 요구보다 상대방의 요구를 절대적으로 우선시하는 경향이 강하기 때문이에요. 예를 들어 상대방이 파스타를 먹고 싶다고 하면 일주일 동안 파스타를 먹었는데도 불구하고 "그래, 좋아!"라며 또 파스타를 먹는다거나, 상대방이 여행을 가자고 하면 내 경제 상황이 좋지 않은데도 불구하고 "그래, 갈게"라며 동행하는 거죠.

최설민 일상생활 속에서 그런 일들이 반복되면 내 마음 안에 불편한 감정이 차곡차곡 쌓이게 되고, 그러다가 더 이상 스스로 조절하지 못하는 상황에 이르면 손절이라는 극단적인 선택을 하게 되는 거군요. 착한 사람들은 왜 그런 행동이나 말을 습관처럼 하는 걸까요?

전소정 제일 큰 이유는 '실존적 불안감' 때문일 거예요. 혼자 남겨지는 것에 대한 불안감이죠. 인간은 사회적 동물이기 때문에 지극히 내향적인 사람이라도 누군가와 정서적인 유대관계를 맺고 그 안에서 소속감과 안정감을 구축하고 싶어 해요. 그래서 혼자 남겨질지도 모른다는 실존적 불안감이 느껴지면 더더욱 착한 사람, 즉 상대방에게 맞춰주는 사람으로 살아야 할 것 같은 압박감을 갖게 되죠.

여기서 우리가 함께 살펴봐야 할 것은 어린 시절의 경험이에요. 보수적이고 권위적인 부모와 규범과 규칙의 비중이 강화된 환경에서 자란 아이들은 대부분 순종적이고 반항하지 않는 아이로 자라게 되죠. 부모의 말을 잘 따르면 칭찬이라는 분명한 보상이 따라오고, 그렇지 않을 때는 대부분 혼이 나거나 벌을 받죠. 이런 경험이 쌓이면 타인에게 거절 의사를 밝히거나 나의 불편한 감정을 드러내는 순간 벌을 받거나 혼이 났을 때의 정서로 이어지기도 해요.

아이에게 부모는 존재 이유이자 삶 그 자체예요. 그런데 고통스러워하고 괴로워하고 힘들어하는 부모의 모습을 보면서 자란 아이는 대부분 부모에게 기쁨과 즐거움을 주려 애쓰는 모습을 보일 가능성이 커요. 나의 존재 이유인 부모가 기뻐해야 내가 괜찮다고 느끼기 때문이에요. 이런 경험이 쌓이면 아이는 항상 누군가에게 기쁨과 편안함을 줘야 하는 사람으로 생활을 이어가게 되죠.

함께 살펴봐야 할 또 하나는 '수치심'이에요. 수치심은 보통 상호관계 속에서 나타나는데요, 내 기대가 타인에게 잘 받아들여지지 않거나 부정당하거나 거절당한 경험이 아주 강하게 내재하면 수치심으로 이어지죠. 어린아이일 경우에는 나 자신에 대한 적대적인 평가로 직결되기도 해요. 수치심을 경험하는 순간 자신을 매우 안 좋은 사람으로 인식하는 거예요. 인간은 누구나 좋은 사람이고 싶은 욕구가 있잖아요. 그런데 내가 나 자신을 안 좋은 사람으로 평가하고 인식하는 쓰린 경험을 피하고 싶어서 나보다 타인의 요구에 더 맞추는 사람이 되는 거죠.

최설민 수치심은 주로 어떤 상황에서 나타나는 건가요?

전소정 수치심은 시각적 경험에서 비롯되는 경우가 많아요. 가령 내가 뭔가를 준비했는데 상대방이 외면해버리거나 부정하는 느낌을 받을 때, 그래서 내가 준비한 것들이 아무것도 아닌 게 되어버리는 순간 아주 큰 수치심을 느껴요. 나중에라도 이 경험을 새롭게 해석하고 재경험해야 수치심의 덩어리가 줄거나 사라질 텐데, 그렇게 하지 못하면 자기 자신을 안 좋은 사람으로 평가하고 인식하지 않기 위해 끊임없이 애쓰며 살 수밖에 없어요.

내가 진짜 원하는 것과 습관적으로 하는 것 구분하기

최설민 과거의 여러 가지 부정적인 경험으로 인해 그런 특징을 갖게 되었다면 이제라도 변화된 미래를 위해 무엇을 어떻게 해야 할까요? 그리고 사람이 노력으로 진짜 변화할 수 있을까요?

전소정 기질적 특성을 완전히 변화시키기는 어려워요. 다만 인간은 연습하고 훈련하면 충분히 새로운 환경에 적응할 수 있는 역량을 가지고 있어요. 나도 모르게 습관처럼 하고 있는 행동의 이면에는 내가 정말 중요하게 생각하는 가치와 신념이 있을 거예요. 종이 위에 내가 중요하게 생각하는 것들을 쭉 써보는 거예요. 내가 정말 원해서 그런 것들을 하고 싶은 건지, 훈육이나 학습을 통해 나도 모르게 습관이 되어버린 건지 구분하는 연습을 하는 거예요.

왼쪽에는 내가 진짜로 원하는 것들을 쓰고, 오른쪽에는 내가 해야만 한다고 생각하는 것들을 써보는 거예요. 내가 해야만 한다고 생각하는 것에는 보통 내 내면의 불안, 공포, 두려움들이 연결되어 있어요. 그렇게 원하지는 않지만 하지 않으면 안 될 것 같은 부분들은 대안과 타협점을 찾는 연습이 필요합니다.

예를 들어 서로 신뢰할 수 있는 관계의 사람과 함께 연습해보는 거예요. "내가 거절하는 것에 상당한 두려움이 있어.

그래서 내가 너를 상대로 거절하는 연습을 하려고 해. 서툴더라도 조금 이해해줘"라고 말하는 거예요. 그런 뒤 일정 시간 동안 상대방의 얼굴을 보면서 거절하는 연습을 계속하는 거예요.

그런 상황이 익숙해지면 거절하거나 불편한 감정을 표현하는 게 훨씬 덜 힘들어지죠. 내면의 불안감은 전문가의 도움을 받을 수도 있지만 스스로 충분히 연습함으로써 어느 정도 해소할 수 있어요.

최설민 종이 위에 내가 진짜 원하는 것과 내가 해야만 한다고 생각하는 것들을 각각 구분해 적은 다음, 해야만 한다고 생각하는 것에 대해서는 타협점을 찾아 신뢰할 수 있는 사람과 롤플레잉 방식으로 연습하면 불안감을 해소하는 데 도움이 될 수 있는 거네요.

전소정 그런데 그렇게 신뢰할 만한 사람을 찾기가 쉽지 않죠. 그런 경우에는 거울을 보거나 녹음해서 내가 나와 연습하는 거예요. 이런 연습이 가능하려면 우선 내 욕구를 찾아야 하고, 주체성과 확실성을 가지고 내가 중요하게 생각하는 나의 가치와 신념을 구분하는 일이 선행되어야겠죠.

그리고 왼쪽에 적어놓은 '내가 진짜로 원하는 것'들을 제대로 기능할 수 있도록 강화하는 거예요. 예를 들어 내가 생각하는 가치 중에 '갈등 없는 평화'가 있다고 해보죠. 그러면 내가 싫은데도 불구하고 'Yes'를 하는 게 진정한 평화를 위한 것인지 고민해 보는 거예요. 어떤 상황에서는 거절을 잘하고 나의 불편한 감정을 솔직하게 표현하는 게 또 다른 의미의 평화일 수도 있거든요.

최설민 '평화'에 대한 나의 정의가 잘못되었을 수도 있으니 그 정의에 대해 다시 생각해 보고 조금 더 원활하게 내 것으로 만드는 노력이 필요할 것 같습니다. 지금까지 매력이 없는 착한 사람에 대해 이야기했는데, 반대로 매력적인 착한 사람은 어떤 유형이라고 생각하시는지요?

전소정 매력적인 착한 사람은 본인의 역량을 잘 아는 사람인 것 같아요. 다른 사람에게 호의를 베풀 수 있는 나의 임계치를 확실하게 아는 거죠. 달리 말하면 내 욕구뿐만 아니라 내가 할 수 있는 것과 없는 것을 구분하는 사람, 즉 나 자신에 대해 충분히 아는 사람입니다. 내가 나를 아는 상태에서 자발적으로 호의를 베풀어야 긍정적인 관계를 유지할 수 있고, 그런 사람들이 매력적이죠.

반대로 나도 나를 잘 모르고 내 안이 텅 비어 있는데 막연함과 두려움과 불편함 때문에 거절하지 못하고 일단 맞추는 사람, 그래서 마음속 불편함이 비언어적으로 드러나는 사람은 타인에게 매력 없는 사람으로 보이죠. 인간관계는 정말 힘들어요. 상호작용하기 때문에 일방적으로 나만 잘한다고 되는 것도 아니죠. '착하다'의 정의에 대해 다시 생각해 보는 시간이 필요해요. 거절 의사나 불편한 감정 표현을 하는 게 '착하지 않다'는 말로 해석되지 않았으면 좋겠습니다. 내 삶의 주도권은 타인이 아닌 내 것이라는 걸 잊지 마세요.

놀심의 한 줄로 배우는 심리학

- ★ 거절하거나 불편한 감정을 표현하는 걸 '착하지 않다'는 의미로 해석하지 마세요. 내가 할 수 있는 것과 없는 것을 명확하게 구분할 줄 알아야 매력적인 사람입니다.
- ★ 혼자 남겨지는 게 두려워 타인의 요구를 무조건 수용하려 애쓰지 마세요. 내 삶의 주도권은 언제나 나에게 있습니다.

눈치 보며 남들과 잘 지내려 애쓰는 사람들의 특징

신재현 | 강남푸르정신건강의학과 대표원장

문제가 발생하면 보통은 극단적인 상황을 생각해요.
불안하기 때문에 비현실적인 최악의 상황을 많이 생각하죠.
친구에게 내 마음을 전했다가 그 친구의 기분이 상해서
나를 험담하고 내가 왕따가 되는 상상은 비현실적 최악이에요.
그러지 말고 현실적인 최악을 한번 생각해 보는 거예요.
친구가 기분이 조금 상했을 거라고 생각하는 정도인 거죠.

최설민 우리가 살아가는 사회에서 '눈치'는 중요한 개념인 동시에 반드시 갖춰야 할 덕목인 것처럼 느껴지기도 합니다. 그런데 그 정도를 넘어 주변 사람들이 기분 나빠하고 상처받을까 봐 늘 상대방의 눈치를 보는 사람들이 있습니다. 이런 사람들에게서 나타나는 공통적인 특징이 있을까요?

신재현 가장 흔하게 나타나는 특징은 자꾸 사람의 마음을 읽으려 한다는 거예요. 눈치를 본다는 건 상대방의 표정이나 태도, 행동에 의미를 부여한다는 것이고, 그 의미 부여가 불안과 만나면 예측하는 것들이 대부분 부정적인 방향으로 흘러갈 때가 많아요. '내가 말하는 거 별로 안 좋아할 거야', '이런 말을 하면 안 통할 것 같은데' 하는 식의 생각을 하면서 점점 더 불안의 늪으로 빠지는 거죠.

또 다른 특징으로는 '재앙화 사고catastrophizing'라는 게 있습니다. 재앙화 사고란 어떤 부정적인 사건이나 상황을 실제보다 훨씬 더 심각하고 끔찍한 것으로 받아들이고, 그로 인해 불안을 느끼는 걸 의미해요. '내가 이런 말과 행동을 하면 상대방이 나를 싫어할 거야. 그러면 그 사람과의 관계가 끊어질 테고 학교나 직장에서 나쁘게 소문이 나서 나는 외톨이가 될 거야. 그러면 나는 학교나 회사를 그만둬야 할 수도 있지 않을까'라고 생각이 확장하면서 불안이 점점 더 몸집을 키우는 끔찍한 결말에 이르는 거죠. 이를 인지 오류 중 '재앙화 사고'라고 합니다.

최설민 그림자를 보고 괴물이라고 착각해 점점 더 불안과 공포에 시달리듯이 우리 마음이 너무 쉽게 오답을 만들어냄으로써 자신을 점점 더 불안의 늪으로 밀어 넣는 거네요.

신재현 맞아요. 그런데 이런 유형의 사람들은 상대방의 눈치를 보고 조심하지만 사실 끝이 별로 좋지 않다는 엄청난 모순을 가지고 있어요. 눈치를 많이 보는 사람은 친구나 연인처럼 대등한 관계에서도 자세를 낮춰 상대방을 존중하고 배려하려 해요. 내가 자세를 낮춘 것처럼 상대방도 나를 배려하고 존중해준다면 참 좋은 관계가 유지되겠지만 대개는 일방적으로 흘러가는 경우가 많아요.

문제는 내가 에너지가 많을 때는 상대방을 위하는 일이 얼마든지 가능해서 관계가 잘 유지되지만 내가 지치기 시작하면 관계가 어그러지기 시작하면서 나도 힘들고 상대방 역시 의도치 않게 상대적 갑질을 하게 됩니다. 지금껏 내가 맞춰주던 걸 당연하게 받아들였기 때문이에요. 그래서 내가 조금이라도 불편한 감정을 드러내면 상대방은 나를 이상한 사람으로 취급하게 되고, 그러면서 관계가 깨지는 거죠.

또 다른 문제는 내가 저자세를 취했을 때 오히려 더더욱 고자세가 되는 사람들이 있어요. 이상하게도 눈치를 많이 보는 사람들 곁에는 먹잇감을 노리는 하이에나처럼 이기적이고 자기애적 성향이 강한 사람들이 많아요. 이들은 대개 상대방을 착취하고 이용하려 하죠.

꼬리에 꼬리를 무는 불안과 나쁜 생각들

최설민 상대방의 눈치를 보는 사람들의 공통적인 특징 중에 불안감이 큰 유형은 어떻게 이를 극복할 수 있을까요?

신재현 물론 불안을 치료하는 게 중요하겠죠. 상담이나 약물 치료 등의 다양한 방법이 있는데, 어떤 방법을 선택하든 가장 중요한 접근법은 내 마음을 알아차리는 거예요. 내 마음을 알아차리지 못하면 어떤 자극을 받는 순간 내 감정이 급격하게 깊은 늪으로 빨려 들어가는 경험을 하게 되죠. 하지만 내 마음을 알아차리면 그 불안한 감정에 제동을 걸 수 있어요. '아, 불안하거나 우울한 마음이 또 시작되었구나' 하고 내 안의 감정을 포착하는 순간 여유가 생기면서 서서히 그 감정에서 빠져나오게 되는 거죠.

최설민 원장님 말씀을 들으니 한 가지 떠오르는 경험이 있습니다. 오랜만에 친구를 만났는데 왠지 좀 불안했어요. 친구에게 어떤 얘기를 하려 했는데 불안한 마음 때문에 자꾸 주저하게 되더라고요. 그래도 불안하지만 한번 해보자라고 마음먹고 행동했는데, 결과적으로 제가 걱정했던 일들은 일어나지 않았습니다.

신재현 지금 아주 중요한 원리를 하나 말씀하셨어요. 우리는 항상 '불편하지만 그 불편함에 끌려갈 것인가, 아니면 불편함을 안고 내가 원하는 것을 할 것인가' 이 두 가지 갈림길에 놓여요. 불안하고 초조하고 마음이 힘든데도 그것에 집착하고 끌려가는 경우가 많아요. 그러면 생각이 꼬리에 꼬리를 물면서 재앙화 사고처럼 힘든 쪽으로 나 자신을 끌고 가게 되죠.

그런데 그 불편함을 안고서라도 '다시 한번 해보자'라는 생각으로 친구를 만나 이야기하든 운동을 하든 내가 하던 일을 다시 해보는 거죠. 여기서 중요한 것은 내 마음의 많은 불편한 콘텐츠들이 잠시 떠올랐다가 나를 떠나간다는 거예요. 불편함에 집착해 점점 더 깊은 늪으로 끌려가지 않고 그것을 안고서라도 나 스스로 뭔가를 해나가다 보면 그 불편함들은 결국 나를 떠나가게 되어 있어요.

최설민 재앙화 사고를 하는 사람의 경우에는 어떻게 해야 이런 부정적인 생각에서 벗어날 수 있을까요?

신재현 어떤 문제가 발생했을 때 우리는 보통 극단적인 상황을 많이 생각해요. 감정적으로 불안하기 때문에 비현실적인 최악의 상황을 많이 생각하죠. 예를 들어 친구에게 내 마음을 표현했을 때 상대가 기분이 상해서 나를 험담하고 왕따를 시키고 그래서 학교나 직장을 그만둬야 할 수도 있다고 생각하는 건 비현실적인 최악이에요. 그러지 말고 현실적인 최악을 한번 생각해 보는 거예요. 친구가 기분이 조금 상했을 거라고 생각하는 정도인 거죠.

나의 솔직한 감정 표현으로 친구가 기분이 나쁠 수 있지만 친한 사이라면 그만한 일로 관계가 깨지는 극단적인 상황으로 전개되지는 않거든요. 현실적인 최악을 생각하면 대처 방법이 꽤 많아요. 예를 들어 술 한잔 하거나 밥을 사거나 하면서 "미안해, 아까는 내가 말을 실수했어"라고 사과할 수 있는 거죠. 그렇지 않고 비현실적인 최악을 생각하다 보면 시도할 수 있는 게 거의 없어요. 그래서 현실적인 최악과 비현실적인 최악을 구분하는 게 중요해요.

최설민 그러면 내가 저자세로 행동했을 때 상대방이 자기애가 강해서 오히려 위협적일 만큼 고자세를 취한다면, 그럴 때는 어떻게 대처해야 할까요?

신재현 가장 추천하고 싶은 방법은 이성적 행위인 '기록'이에요. 우리 뇌에는 이성을 담당하는 전두엽 부분과 감정을 담당하는 편도체 부분이 시소처럼 움직여요. 감정이 들끓을 때는 시소가 편도체 쪽으로 기울면서 이성이 잘 작동하지 않아요. 이때 이성적인 활동을 많이 하면 시소가 다시 반대로 움직입니다. 그 이성적인 활동 중 하나가 바로 기록하고 분석하는 거예요.

일기 형식이든 SNS를 통해서든 이성적인 관점으로 내 관계의 문제들을 꾸준히 기록하다 보면 내가 어떤 사람들에게 취약한지, 어떤 사람들을 조심해야 하는지에 대한 데이터가 쌓이게 되고, 이를 토대로 부정적인 관계를 예방하거나 정리할 수 있어요. 예를 들어 감정이 요동칠 때 스마트폰의 메모장에 현재 내 마음 안에서 느껴지는 것들(생각, 기억, 감정 등등)을 1~2분 동안 차분히 적어보는 거예요. 그것만으로도 요동치는 감정과의 거리 두기가 가능해요.

왜 나를 싫어하는 사람들에게 에너지를 쓸까

최설민 우리가 어떤 사람과 관계를 맺으면서 감정적으로 매우 불안하거나 두려움이 생길 때가 있잖아요. 그렇게 감정에 휩싸일 때 인간의 강점인 생각하는 능력, 즉 이성적인 활동을 통해 나의 감정을 컨트롤하고 이겨낼 수 있는 거군요. 그런데 두려움 때문에 상대방에게 말하지 못하는 경우와 달리 상처를 줄까 봐 말하지 못하는 경우도 있을 것 같아요.

신재현 두 가지 경우가 함께한다고 생각해요. 첫째는 실제로 상처를 주는 경우이고요. 둘째는 상처를 줬을까 봐 걱정하고 거기에 의미를 부여하는 경우예요. 먼저 실제 상처를 주는 경우는 나의 인간관계에서 지속적으로 어떤 문제가 나타나고 있다고 봐야 해요. 주변 사람들에게 물어봤을 때 "이건 네가 좀 잘못한 것 같아"라는 직접적인 피드백을 받는다면 실제로 나의 행동에 문제가 있는 거니까 스스로 행동을 교정하는 노력을 해야겠죠. 상담을 받는다거나 화법을 바꿈으로써 대화를 부드럽게 할 수 있도록 해보는 거죠.

둘째, 상처를 줬을까 봐 걱정하고 거기에 너무 큰 의미를 부여하는 경우는 앞에서 이야기한 것처럼 '재앙화 사고'에 해당한다고 볼 수 있어요. 이런 경우는 우선 내 마음을 자세히 들여다볼 필요가 있어요. 내가 관계에 대해 얼마나 많은 의미를 부여하고 있는지, 또 그로 인해 얼마나 힘들었는지 알아차리고 정리하는 시간을 가져보는 거죠.

나로 인해 누군가 상처를 입을 수 있어요. 그래서 그가 나를 더 싫어하게 될 수도 있죠. 그런데 상대방이 나를 싫어하는 게 그렇게 끔찍한 일일까요? 거기에 대해서도 한번 생각해 볼 필요가 있어요. 나를 싫어하는 사람은 얼마든지 있을 수 있어요. 제가 '3분의 1의 법칙'이라고 이름을 붙였는데요, 세상의 3분의 1은 나를 좋아하고, 또 다른 3분의 1은 나를 싫어하고, 나머지 3분의 1은 나에게 관심이 없어요.

그러면 내 에너지가 100이라고 했을 때 그 에너지를 어디에 쓸 것인지 자신에게 질문을 던져봐야죠. 대개의 사람들은 나를 좋아하는 사람, 내가 좋아하는 사람들에게 에너지를 쓰고 싶어 해요. 실제로도 더 많이 쓰고 있고요. 그런데 눈치를 많이 보는 사람들, 상대방에게 상처를 줬을까 봐 과도하게 걱정하는 사람들은 대부분 나를 싫어하는 사람 혹은 나를 싫어할지도 모르는 사람에게 많은 에너지를 써요. 굉장히 소모적이죠.

최설민 실제로 상대방에게 상처를 주는 사람들의 경우 상담을 받거나 화법을 바꾸는 등의 노력이 필요하다고 말씀하셨는데, 상대방에게 상처를 주지 않고 부드럽게 말하는 방법이 있을까요?

신재현 가장 중요한 포인트는 공간을 만드는 거예요. 물리적 공간이 아니라 자극과 반응 사이의 공간을 말하는 거예요. 누군가로부터 안 좋은 자극을 받으면 부정적인 감정이 올라오고 부정적인 행동을 하게 되고 부정적인 신체 감각이 느껴지죠. 이때 의도적으로 말과 행동을 지연시키면서 그 공간에 잠시 머물러보는 거예요.

다툼과 갈등이 생기는 이유가 대부분 자극이 오자마자 욱해서 화를 내거나 소리를 지르거나 물건을 던지는 식으로 반응하기 때문이거든요. 그런데 그때 아주 짧은 1~2초 정도의 여유 공간을 만드는 것만으로도 그런 반응을 지연시킬 수 있어요. 실제로 그렇게 함으로써 매우 효과적으로 자신의 감정을 컨트롤할 수 있다는 연구 결과가 아주 많아요.

또 하나는 마음의 거리 두기입니다. 관조하고 관찰하는 거죠. 다시 말해 내 마음 안에 올라오는 생각이나 감정들을 객관화하는 거예요. 예를 들면 '아, 열받아!'라고 할 때와 '아, 내가 지금 화가 난다고 느끼고 있구나'라고 할 때의 차이예요. 전자는 즉각적인 반응이 튀어나오기 직전인 거고, 후자는 내 몸과 마음이 그렇게 반응하고 있다는 걸 인식하는 것, 즉 거리를 두고 객관적으로 관찰하고 있는 거예요.

친밀한 관계에서도 '타임아웃'이 필요해요. 예를 들어 '살다 보면 싸울 일이 있을 텐데, 그때 서로 맞받아치지 말고 잠깐 타임아웃을 외치자'라고 서로 약속하는 거예요. '잠깐 멈춤'을 하는 거죠. 방에서 생각을 정리하거나 차를 마시거나 산책을 하면서 머리를 식히는 시간을 갖는 거죠. 사실 매우 간단하고 효과적인 방법인데 이를 지키기가 어려워요. 하지만 갈등 상황에서는 이런 이질적인 개념을 언급하는 것만으로도 분위기의 흐름을 바꿀 수 있습니다.

최설민 나의 감정적인 행동으로 인해 상대방에게 상처를 줄 때가 많은데, 마음의 거리를 두고 부정적인 말과 행동을 지연시키고 자신을 3인칭으로 바라봄으로써 부정적인 관계를 개선할 수 있는 거네요. 그렇다면 내 마음이 요동칠 때 잠잠하게 만드는 방법으로는 어떤 게 있을까요?

신재현 첫째는 주의를 다른 데로 돌리는 거예요. 부정적인 감정에 계속 초점을 맞추기보다는 밖에 나가 산책을 하거나 친구와 수다를 떨거나 좋아하는 채널의 영상을 보면서 주의를 다른 곳으로 돌리는 거죠. 이렇게 나만의 방법을 몇 가지 미리 마련해두었다가 부정적인 감정에 휩싸일 때 활용하면 도움이 될 것 같아요. 이때 어떤 방법을 활용하든

15~20분 정도 시간을 정해놓고 반복해서 해보는 거예요. 시간이 지나가면 우리의 마음도 흘러가기 마련이고 머리끝까지 차 있던 분노도 점차 가라앉기 때문에 시간을 갖는 게 중요합니다.

둘째는 오감으로 나에게 위안을 주는 거예요. 예를 들면 내가 좋아하는 여행지의 사진을 보고 좋아하는 음악을 듣고 반려동물을 쓰다듬고 좋아하는 디저트를 먹고 아로마 향의 초를 켜두는 거죠. 나만을 위한 이런 작은 위로를 통해 나의 마음을 고요하고 편안하게 만드는 건 단순하지만 아주 효과적인 방법이에요.

놀심의 한 줄로 배우는 심리학

* 무조건 자세를 낮춘다고 관계가 좋아지진 않습니다. 오히려 상대방의 갑질을 부추겨 착취당하고 이용당할 뿐입니다.
* 어떤 상황에서든 '비현실적인 최악'을 생각하는 건 아무 도움이 되지 않아요. '현실적인 최악'을 생각하면 대처 방법이 아주 많습니다.

PART 3

만만하지 않은 사람이 되어라

CHAPTER 5

당당해져라, 그게 전부다

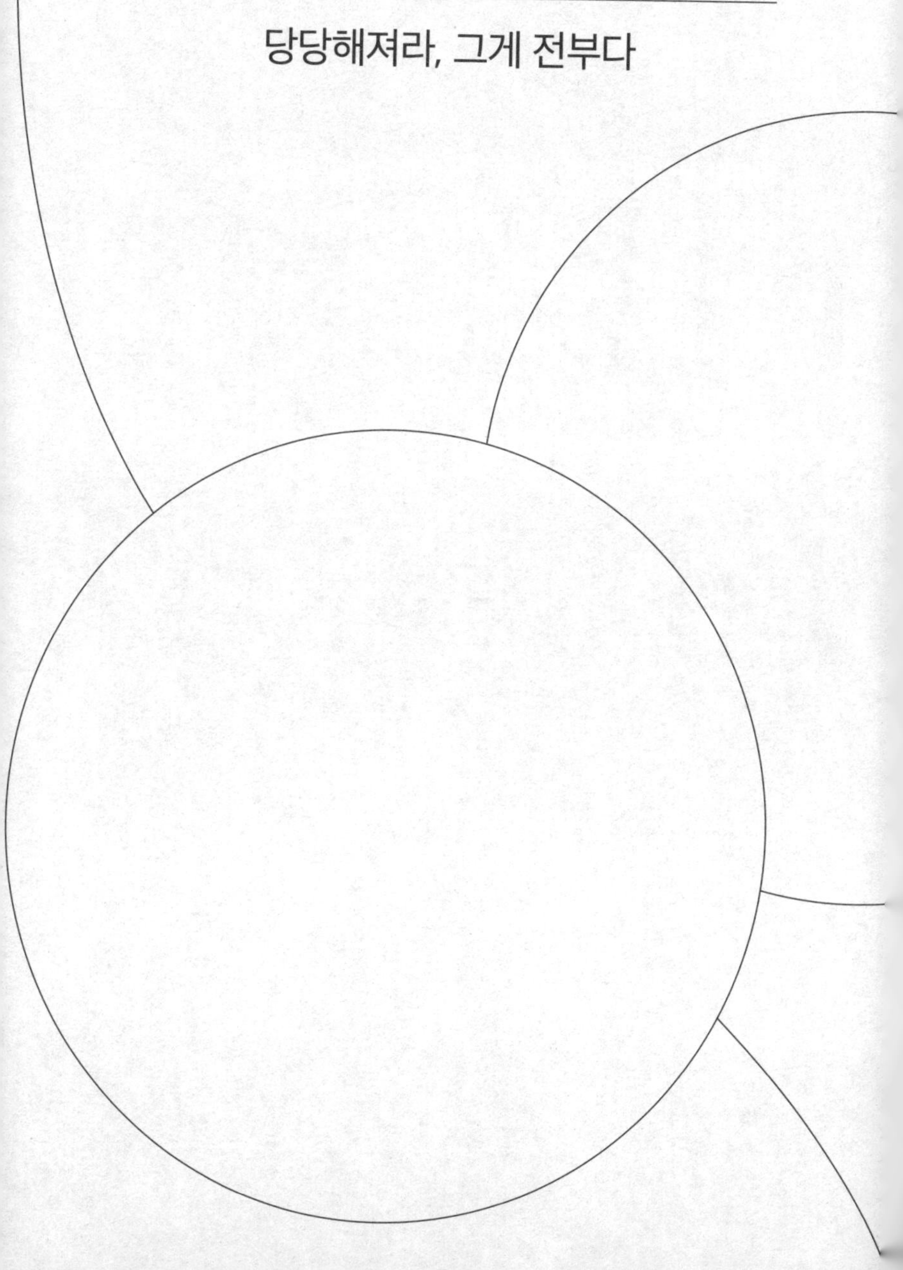

당당한 사람이 당당하게 행동하는 게 아닙니다.

당당하게 행동하는 사람이 당당한 사람이 됩니다.

타인의 시선은 그만 의식하고

자신의 감정, 욕구를 표출하며 살아가세요.

그러면서도 타인에게 피해를 주지 않는

대화법과 사고방식을 알아봅시다.

나의 품격과 가치를 높여줄 인간관계의 대화 습관

장성숙 | 가톨릭대학교 심리학과 상담 전공 명예교수

자존감이 단단하고 건강해지려면
과거는 이미 지나가서 없고, 미래는 아직 안 와서 없으니
있는 건 오직 현재뿐이라고 생각하고 마음을 다잡는 거예요.
아주 단순하게 생각하고
지금 내가 할 수 있는 것에 최선을 다하는 거죠.
그렇게 살아가다 보면 어느덧 내 존재 자체가 당당해집니다.

최설민 사회 속에서 살아가려면 인간관계만큼 중요한 것도 없다는 생각이 듭니다. 우리 주변에는 인간관계를 원만하게 유지하지 못하거나 관계를 맺는 데 어려움을 느끼는 사람들이 많습니다. 그런 사람들에게서 공통적으로 나타나는 특징이 있을까요?

장성숙 대화를 잘 못하는 사람들은 필연적으로 인간관계를

잘 맺지 못하죠. 대화를 잘하려면 여러 가지 감각이 균형을 이뤄야 하는데, 너무 자기 잇속만 챙기려 한다거나 반대로 무조건 저자세를 취하는 식의 대화법은 좋은 관계를 맺기가 어려워요. 아주 민감하게 순간순간의 상황을 읽고 그에 맞는 대화를 하는 게 인간관계의 고급 기능이에요.

어려서부터 편안한 가정 환경에서 부모와 자유자재로 상호작용하며 그런 감각을 익힌 사람들이 아무래도 그런 기능이 잘 발달해 있죠. 외롭게 자라거나 너무 엄한 분위기에서 자라거나 또는 한쪽으로 치우치도록 강한 압박을 받으며 자란 경우에는 사람을 대할 때 민감성이 떨어지고 인간관계를 맺는 데 서투를 수밖에 없어요.

최설민 주위를 둘러보면 안정적인 가정 환경보다는 불안정한 가정 환경에서 자란 사람들이 더 많은 것 같습니다. 그런 환경에서 자란 사람들도 대화법을 바꾸면 매력적인 사람으로 거듭날 수 있을까요?

장성숙 당연히 그렇게 해야죠. 인간은 죽는 순간까지 자기 자신을 포기하거나 방치해선 안 돼요. 우리는 매 순간 관계 속에서 살아가죠. 아침에 눈을 떠 부모 형제나 배우자 같은 가족과의 관계 속에서 하루를 시작하고, 학교나 직장 등의 사회관계 속에서 하루를 보내요. 그리고 나이가 들어서도 가족 친지나 친구들과의 관계 속에서 살아가죠. 관계가 단절되는 순간 인간은 깊은 외로움에 빠지게 돼요. 그래서 죽는 순간까지 관계를 잘 맺으며 살아야 하고, 그러기 위해서는 대화가 중요해요.

최설민 실제로 관계 속에서 대화를 잘하기 위해서는 어떤 노력이 필요할까요?

장성숙 안과 밖을 잘 살피는 능력이 필요해요. 다시 말해 나 자신과 상대방을 잘 살펴서 내가 원하는 게 무엇인지, 상대방이 원하는 게 무엇인지를 아는 거죠. 대화의 전제 조건은 양쪽이 함께 공존하는 거예요.

일방적으로 참아서도 안 되고, 지나치게 자기 주장만 해서도 안 되죠. 내가 소중하듯 상대방도 소중하니까요. 나의 이익만을 바란다면 어느 순간 상대방이 떠나가고, 또 무조건 상대방에게만 맞추다 보면 어느 순간 에너지가 소진되어 내가 떠나게 됩니다. 공존을 위해서는 건강한 존중과 배려가 필수 덕목이죠.

being, having, doing의 균형과 조화

최설민 결국 말이나 화법이 중요한 게 아니라 내가 나를 그리고 상대방을 어떻게 생각하는지가 중요하다는 말씀이네요. 그러기 위해서는 평소 그런 생각들이 자연스럽게 몸에 배어 있어야 하는 걸 테고요. 그러면 대화를 잘하기 위한 훈련 방법으로 어떤 게 있을까요?

장성숙 대화를 잘하려면 기본적으로 갖춰야 할 균형 감각이 있어요. '나'라는 존재는 세 가지 조건에 의해 구성된다고 보거든요. 첫째는 '나'라는 존재 자체이고being, 둘째는 나의 능력이나 자산having, 셋째는 노력doing이에요. 균형 감각이 있다는 건 이 세 가지가 서로 조화를 이뤄 중심을 잃지 않는다는 거예요. 그런데 현대인들은 지나치게 'having'이나 'doing'에만 치중하다 보니 공부도 일도 잘하지만 정작 자기 자신은 피폐해져 있는 경우가 많아요. 'being'이 허술해서 '나'라는 존재 자체가 편안하지 못한 거죠. 그러다 보면 관계 속에서 허점이 드러날 수밖에 없어요.

좋은 인간관계를 맺고 싶다면 우선 자기의 being, having, doing의 균형을 잘 맞춰야 해요. 대화는 기술이나 수단이 아니라 그 사람 자체를 나타내는 하나의 중요한 지표예요. 그 사람의 말을 짚어보면 그 사람의 상태가 고스란히 드러나죠. 상대가 어떤 사람인지 파악할 때 대화를 해보면 쉽게 알 수 있어요. 대화가 안정되어 있으면 균형이 잡혀 있거나 반듯한 사람으로 느껴지고, 대화가 한쪽으로 치우쳐 있으면 부정적인 느낌을 받게 되죠. 그래서 말을 잘하는 방법을 아는 것보다 균형 감각을 갖추는 게 중요해요.

최설민 'having'과 'doing'은 알겠는데 'being'의 개념이 조금 추상적으로 느껴져서 쉽게 이해하기 어려운 것 같습니다. 건강한 'being'을 갖추고 자존감을 높이려면 어떻게 해야 할까요?

장성숙 묵상을 통해서든 교육을 통해서든 존재의 존귀함을 인식하고 이해하는 노력이 필요해요. 많은 것을 갖고 있지 않아도, 특출나게 뭘 잘하지 않아도 내 존재 자체가 매우 소중하다는 걸 깨닫는 거죠. 그런데 우리 주변을 보면 안타깝게도 자기 비하와 자기 멸시가 심한 사람들이 많아요. 그러면 사람이 균형을 잃고 한쪽으로 치우치면서 허둥대거나 공격성을 띠게 되죠. 내 존재 자체가 소중하고 사랑스럽다고 느끼면 좀 더 차분하고 여유로워지죠.

자기 비하, 불안, 초조 같은 정서는 과거의 부정적인 기억에서 비롯되는 경우가 많아요. 그래서 과거로부터 자유로워지는 노력이 필요해요. 지나치게 과거에 매달려 있는 사람이 어떻게 해서든 거기에서 벗어나면 이번에는 미래에 대한 걱정과 불안에 사로잡히는 경우가 많아요. '지금 여기'에 의식이 머물지 못하고 과거와 미래의 노예로 사는 거죠.

자존감이 단단하고 건강해지려면 과거는 이미 지나가서 없고, 미래는 아직 안 와서 없고, 나에게 있는 건 오직 현재뿐이라고 생각하고 마음을 다잡는 거예요. 그러고는 아주 단순하게 생각하고 지금 내가 할 수 있는 것에 최선을 다하는 거죠. 남과 비교할 필요도 없고, 지나간 것에 애통해할 필요도 없고, 아직 오지 않은 미래를 걱정하며 지레 불안해할 필요도 없어요. 오직 현재에 최선을 다하는 거예요. 그렇게 살아가다 보면 어느덧 내 존재 자체가 당당하게 정립되죠.

과거와 미래가 아닌 '지금 여기'에 집중하라

최설민 그런 마음가짐과 태도를 인간관계에도 적용할 수 있을까요? 늘 과거에 집착하고 미래를 불안해하는 데 에너지를 쏟던 사람이 갑자기 '현재'에만 집중하기란 쉽지 않을 것 같습니다. 이 또한 연습과 훈련이 필요하지 않을까요?

장성숙　그렇죠. 건강한 사람일수록 머릿속이 단순해요. 과거에 연연하지도 않고, 미래를 불안해하지도 않고, 지금 내가 할 수 있는 것에만 집중해 최선을 다하죠. 그렇게 되려면 지식, 정서, 의지 이 세 가지가 합을 잘 이뤄야 해요. 안정을 찾기 위해서는 변화가 필요하고, 그렇게 되려면 정서적 수용과 인식이 수반되어야 해요. 또 오랫동안 해온 습관을 바꾸기 위해서는 강한 의지도 필요하죠. 이 세 가지가 절묘하게 조화를 이뤄야 비로소 변화가 시작되는 거죠.

특히 현대인들이 많이 놓치고 있는 게 정서적으로 지지받고 깨달음을 얻으면 한순간에 변화할 수 있을 거라고 생각하는데, 사실 그건 시작 단계일 뿐이에요. 내가 깨달은 걸 실천하려면 습성화되어 있는 것들을 이겨내야 하고, 그렇게 되기까지는 꾸준히 노력하는 의지가 필요하죠. 지금 내 상황을 변화시킬 수 있는 사람은 오직 나뿐이며, '나는 할 수 있다'는 생각이 함께 어우러지면 노력할 수 있는 의지가 생기고, 그 의지가 정서적인 것과 인지적인 것과 잘 융합하면 비로소 변화가 일어나는 거예요.

최설민 그런 노력을 통해 삶의 변화가 일어나면 이를 바탕으로 인간관계에서도 좋은 변화가 나타날 수 있고, 나아가 인생 전체의 변화를 만들어낼 수 있는 거네요.

장성숙 그렇죠. 이미 지나간 날들에 집착할 필요도 없고, 아직 오지 않은 미래를 미리 걱정하고 고민할 필요도 없어요. 오직 현재에 집중하며 최선을 다하는 날들이 이어지면 미래는 저절로 보장됩니다.

놀심의 한 줄로 배우는 심리학

- ★ 대화는 그 사람 자체를 나타내는 중요한 지표입니다. 대화를 잘하고 좋은 인간관계를 맺고 싶다면 자기의 being, having, doing의 균형을 잘 맞춰야 합니다.
- ★ 아무리 능력이 뛰어나도 내 존재 자체가 허술하면 관계에서도 허점이 드러날 수밖에 없습니다. 내 존재의 존귀함을 먼저 깨닫는 게 중요합니다.

건강한 인간관계를 위한 단순명료한 말의 기술

장성숙 | 가톨릭대학교 심리학과 상담 전공 명예교수

사람은 죽는 순간까지 관계 속에서 살아가는 존재예요.
자꾸만 관계를 향해 나아가는 노력을 해야 합니다.
혼자서 혹은 실체가 모호한 익명의 대상과
말하기 연습을 하는 건 별로 도움이 되지 않아요.
관계 속에서 자신감을 형성하는 연습을 꾸준히 하세요.
말하기도 관계도 모두 연습이 필요합니다.

최설민 '말 한마디로 천 냥 빚을 갚는다'는 속담이 있을 정도로 우리의 일상에서 말은 굉장히 중요합니다. 특히 관계 속에서 말을 잘할 수 있으면 참 좋겠지만 그렇지 못해 고민하는 사람들이 많습니다. 그런 사람들이 가지고 있는 공통적인 특징이 있을까요?

장성숙 말은 단순히 의사소통의 수단만이 아니라 그 사람을 나타내는 지표라고 앞에서도 말했잖아요. 그래서 분노 등의 부정적인 감정들이 혼재되어 자신의 상태가 정리되어 있지 않으면 자기가 생각한대로 말이 잘 나오지 않아요. 말은 논리를 바탕으로 하기 때문에 말을 잘하는 사람들은 논리정연하고 정돈되어 있는 반면, 말을 잘 못하는 사람들의 공통점은 뭔가에 침범당해 생각이 온통 뒤죽박죽인 경우가 많죠.

화가 나거나 감정이 엉클어져 있을 때 그것들을 즉시 배출할 수 있으면 머릿속이 깨끗해지지만 그때그때 배출하지 못하면 그것들이 내 안에서 서로 뒤엉켜버려요. 그러면 사고와 정서가 울퉁불퉁해질 수밖에 없고, 말할 때도 자꾸 뭔가 꼬이는 것 같고, 생각지 않은 엉뚱한 말이 튀어나오기도 하죠. 감정이 깨끗하게 정리되어 있지 않으면 상대방의 말도 내 식대로 오인하는 경우가 많아요.

최설민 정리되거나 해결되지 않은 나의 어떤 감정으로 인해 내 생각이 왜곡되기도 하고 상대방의 말도 오인해서 받아들일 수 있는 거네요. 그러면 말을 잘 못하는 사람들도 어떤 노력을 통해 말을 잘하는 매력적인 사람으로 변화할 수 있는 건가요?

장성숙 그렇죠. 흥분하거나 화가 많이 나서 감정이 엉켜 있으면 정돈된 말이 나오지 않으니까 속이 들끓는 사람들은 충분히 말할 시간을 갖는 게 좋아요. 그래야 말하는 과정에서 자신의 엉클어진 감정도 해소하고, 그러면서 또 상호작용하는 기술도 늘어나니까요.

상대방이 나의 말에 수긍하거나 시인하는 경험을 하면서 자신의 생각이나 감정에 자신감이 생기는 거죠. 말을 잘 못하는 사람일수록 말을 더 많이 하는 훈련이 필요해요. 곁에 있는 사람과 계속해서 말을 주고받으며 상호작용하다 보면 조금씩 늘게 되죠.

최설민 말을 잘 못하는 사람들 중에 말하기 훈련을 하고 싶어도 가까이에 서로 말을 주고받을 사람이 없는 경우도 있을 것 같습니다. 그럴 때는 어떻게 해야 할까요?

장성숙 그럴 때는 상담사를 찾아가는 것도 하나의 방법이에요. 상담사와 여러 이야기를 주거니 받거니 하다 보면 말하는 것에 대한 두려움이 적어져요. 그렇게 연습하고 나면 그것들을 사회관계 속에서 일반화시키는 거죠. 상담사는 나와 사회관계를 이어주는 일종의 징검다리예요.

‘You 메시지’와 ‘I 메시지’ 가려 쓰는 법

최설민 우리 사회에는 여러 가지 이유로 상담을 받는 것조차 어려운 사람들도 있지 않을까요? 매력적으로 말을 잘하기 위해 혼자서도 가능한 연습 방법은 없을까요?

장성숙 말이라는 건 기본적으로 누군가와 상호작용하는 일이기 때문에 대상 없이 혼자 연습하는 건 크게 도움이 되지 않아요. 소리 내어 책을 읽는 정도는 해볼 수 있겠죠. 친구에게 말하는 게 두려우면 가족하고라도 연습을 해야 하고, 가까이에 가족도 없다면 하다못해 반려동물이라도 붙들고 이야기해 보는 거예요. 말할 대상이 없으면 나무라도 붙들고 이야기하라는 말처럼, 그렇게라도 말을 하면 마음속의 엉킨 감정들이 풀린다는 뜻이에요.

최설민 누구하고든 말하는 연습을 하고 싶지만 아무리 찾아봐도 말할 상대가 없을 때, 인터넷의 커뮤니티를 통해서라도 말하는 게 혹시 도움이 될까요?

장성숙 그건 별로 추천하고 싶지 않아요. 사람은 죽는 순간까지 관계 속에서 더불어 살아가야 하는 존재예요. 그래서 자꾸만 관계를 향해 나아가는 노력을 해야지, 혼자서 혹은 실체가 모호한 익명의 대상과 말하기 연습을 하는 건 별로 도움이 되지 않아요.

상담할 때 사회에 적응하는 걸 어려워하는 사람들에게 계속해서 밖으로 나가라는 숙제를 내주는 이유는 관계 속에서 자신감을 형성하는 연습을 하게 하기 위해서예요. 무엇이든 자꾸 혼자 하는 것에 익숙해지면 그 속에 매몰되어 점점 더 관계를 두렵게 만들어요.

최설민 혼자가 익숙하고 자연스러워지면 오히려 타인을 만나는 기회를 놓쳐 성장하지 못할 수 있겠네요. 그런데 상하 관계, 예의 등 여러 이유로 인해 우리 사회에서는 자신의 생각을 솔직하게 말하기가 좀 어려운 문화가 있습니다. 그런 상황에서는 어떻게 말을 해야 할까요?

장성숙 입을 통해 말하는 것만이 말의 전부는 아니에요. 말에는 '눈치코치'처럼 관계 속에서 작용하는 신호들도 모두 포함된다고 생각해요. 우리의 문화가 수평적이기보다는 수직적인 면이 강하다 보니 선뜻 자신의 생각을 말하기가 쉽지 않고, 또 관계를 위해 눈치를 봐야 할 때도 있죠. 그럴 때는 상대방을 규정하거나 평가하는 'You 메시지'보다는 나를 표현하는 'I 메시지' 어법으로 의사소통하는 것도 좋은 방법이에요. 예를 들어 '너는 이러이러해'라는 표현 대신 '그걸 보는 내가 너무 속상해'라는 식으로 표현하는 거죠.

최설민 상대방을 평가하고 규정하는 'You 메시지'가 아니라 나의 정서를 표현하는 'I 메시지' 어법을 사용하면 관계에서 문제를 겪고 있거나 말하기에 어려움을 겪고 있는 사람들에게 실제로 많은 도움이 될 것 같아요.

장성숙 그렇게 말하면서 점차 자신감이 생기고 나면 상대방을 평가하는 이야기도 할 수 있어요. 다만 때와 장소에 따라 겸손하게 표현할 때는 'I 메시지'로 하고, 위엄을 갖고 분명하게 표현할 때는 'You 메시지'도 필요해요. 'You 메시지'가 무조건 나쁜 건 아니니까요.

최설민 만약에 누군가가 나를 몹시 괴롭히고 억압하며 힘들게 한다면 그런 사람을 상대로 필요한 건 'I 메시지'가 아니라 'You 메시지'일 수도 있는 거네요.

장성숙 그렇죠. 예를 들어 회사에서 윗사람이 시시콜콜 일

일이 풀어 설명할 때보다 단순명료하게 이야기할 때 더 권위 있어 보이잖아요. 세상 모든 건 때와 장소에 따라 더 좋은 게 있고 나쁜 게 있는 거지, 무조건 좋고 무조건 나쁜 건 없다고 봐요. 다 있을 만해서 있는 거죠. 심지어 거짓말도 필요할 때가 있잖아요.

분노는 쌓아둘수록 독이 된다

최설민 지금 말씀을 듣고 보니 '합리적인 게 무조건 맞다', '착한 게 무조건 옳다'라는 식의 관념이 관계를 맺는 데 오히려 장애가 될 수 있다는 생각이 듭니다.

장성숙 '상담'이라는 분야가 서양에서 들어온 것이다 보니 모든 인간관계를 수평적으로 보는 경향이 강했어요. 개인주의 사회의 가치 때문이겠죠. 그런데 한국, 일본, 중국 같은 집단주의 문화에서는 수직적이고 서열적인 인간관계가 더 강조되죠.

'합리적'이라는 것도 서양에서의 개념과 한국 사회에서의 개념이 서로 다를 수 있어요. 수평적 관계를 중시하는 서양 사회에서는 정의, 공정 등이 합리적일 수 있지만, 집단주의 문화가 강한 우리 사회에서는 위신, 권위, 서열 등에 대한 존중이 합리적일 수 있어요. 그런 것들을 잘 식별하지 않으면 갈등이 생겨날 수 있어요.

최설민 옳고 그름의 문제가 아니라, 도움이 되느냐 되지 않느냐에 초점을 맞추면 어떤 게 정답인지 찾을 수 있고, 관계를 해치지 않기 위해 어떤 게 더 이로운지를 더 잘 살필 수 있을 것 같습니다. 인간관계에서 특별히 조심해야 할 말이나 행동이 있을까요?

장성숙 관계에 가장 독이 되는 정서는 '분노'예요. 분노의 파생물들이 수면 위로 떠올라 관계를 망치죠. 가능한 한 자기 안의 분노를 해소하려는 노력이 필요하고, 그 해소 방법 중 하나가 그때그때 배출하는 거예요. 그러면 분노가 쌓이는 걸 방지할 수 있어요.

분노의 감정을 그냥 누르기만 하면 억압되어 있던 것들이 파괴적 속성을 띠며 한꺼번에 분출할 우려가 있거든요. 그러면 결국 관계가 깨지고 말죠. 또한 분노를 억압하기만 하면 그 파괴적 공격성이 자기 자신에게 향하기도 해요.

그런 순간을 예방하기 위해서는 마음 놓고 그때그때 표현할 수 있도록 도와주는 게 좋아요. 자녀를 양육할 때도 너무 엄격하게 하기보다는 자기의 감정이나 생각을 그때그때 솔직하게 표현할 수 있도록 분위기를 열어주는 게 좋죠.

최설민 주변에 속마음을 털어놓을 사람이 없을 때 내 안의 분노를 해소할 수 있는 다른 방법은 없을까요?

장성숙 혼자 해결하려는 건 오히려 더 위험해서 관계를 통한 해결법을 찾으려 노력할 필요가 있어요. 적극적인 성향의 사람이라면 밖에 나가 친구들을 많이 사귀고 그들에게 자신의 속마음을 털어놓는 거죠. 친구를 사귀는 것조차 어려운 사람이라면 징검다리 역할을 해주는 상담사를 찾아가 도움을 받는 게 좋아요. 건강하게 산다는 건 관계 기술을 발달시키는 것과 비례한다고 해도 과언이 아니에요.

놀심의 한 줄로 배우는 심리학

* 혼자서는 결코 말을 잘하게 될 수 없습니다. 관계를 잘 맺기 위한 답은 관계 속에 있습니다.
* 분노는 쌓아두지 말고 그때그때 배출하세요. 쌓인 분노가 정리되지 않고 내 안에서 뒤엉켜버리면 결코 말을 잘할 수 없습니다.

나이 들수록 더 잘 풀리는 사람과 암울해지는 사람의 결정적 차이

지나영 | 정신건강의학과 전문의

많은 사람들이 내가 뭘 좋아하는지,
내 가슴을 뛰게 하는 게 뭔지 잘 몰라요.
내가 좋아하는 걸 찾는 게 진짜 '나'에게 가는 길이에요.
이런 말을 들어도 어떻게 해야 할지 잘 모르겠다면
나 혼자만의 시간을 가져보세요.
그걸 조금 더 깊이 있게 하는 게 바로 '명상'이에요.

최설민 사람 사는 모습이 얼굴 모양만큼이나 제각각이긴 하지만 주변에 보면 다른 사람들에 비해 유독 힘든 인생을 산다고 느껴지는 사람들이 있습니다. 그런 사람들만이 가지고 있는 심리적 특징이 있나요?

지나영 제가 강조하는 것 중 하나가 핵심 신념core belief이에요. 핵심 신념은 뭔가에 대한 확고한 믿음을 말해요. 핵심 신념은 크게 나에 대한 신념, 타인에 대한 신념, 세상에 대한 신념으로 나눌 수 있는데, 여기서 가장 중요한 건 자기 자신에 대한 신념이에요. 예를 들면 자기 자신이 여러 면에서 좋은 점이 많은 꽤 괜찮은 사람이라고 믿는 사람이 있는가 하면, 자기 자신이 부족함이 많고 못난 사람이라고 믿는 사람이 있어요. 이 두 사람은 똑같은 상황에 놓이더라도 그것을 바라보는 관점이 달라요.

타인에 대한 신념과 세상에 대한 신념도 마찬가지예요. 긍정적으로 믿는 사람이 있고, 부정적으로 믿는 사람이 있을 때 이 둘은 똑같은 상황에 놓여도 그것을 전혀 다르게 바라봐요. 그래서 자기 삶이 몹시 힘들고 남한테 치이는 것 같다는 생각이 든다면 내가 나를 어떤 사람이라고 생각하는지 한번 돌이켜볼 필요가 있어요. 나는 운도 없고 가진 것도 없고 머리도 나쁘고 못생겼다고 부정적으로 생각하고 있지는 않은지 점검해 보는 거예요.

만약 그런 생각이 강하게 든다면 반드시 개선이 필요해요. 이 부분을 바꾸지 않으면 아무리 다른 조건을 개선해도 인생의 전반적인 부분이 좋아지지 않아요. 그래서 힘든 삶을 살고 있다고 느껴진다면 자신의 핵심 신념 먼저 살펴볼 필요가 있어요. 나와 타인, 세상에 대해 부정적인 신념을 가지고 있다고 판단되면 그것을 긍정적인 신념으로 바꾸려는 노력부터 해야 해요. 그러면 앞으로 살아가는 데 큰 도움이 될 수 있어요.

최설민 내가 나와 타인, 세상에 대해 부정적인 믿음을 가지고 있으면 아무리 환경이 좋아지더라도 삶 전체가 안 좋을 수밖에 없는 거네요.

지나영 맞아요. 우리의 삶은 아무리 좋은 상황이어도 어느 한 부분은 안 좋은 면이 있기 마련이에요. 예를 들어 사업이 번창하면 너무 좋지만 반면에 그만큼 바빠져서 다른 데 쓸 시간과 에너지가 없게 되죠. 부정적인 신념을 가지고 있는 사람들의 특징은 이런 상황일 때 좋은 면이 아니라 안 좋은 면을 본다는 거예요. 부정적인 쪽에 초점을 맞추기 때문에 삶이 항상 괴로울 수밖에 없는 거죠.

누구에게나 어려운 상황은 찾아오기 마련이에요. 저도 몸이 안 좋았던 적이 있는데, 절망스러운 상황이었죠. 하지만 거기에도 긍정적인 면은 존재해요. 늘 많은 일과 관계 속에서 정신 없이 지내다가 몸이 아파 아무것도 할 수 없는 상황이 되니까 비로소 나를 대면하는 시간을 가질 수 있었던 거죠. 그러면서 『마음이 흐르는 대로』라는 첫 책을 쓰게 됐어요. 제가 그때 부정적인 상황에만 집중했다면 그런 일은 시도조차 하지 못했을 거예요. 똑같은 상황에 놓여도 부정적인 면이 아니라 긍정적인 면에 초점을 맞추면 내 삶의 각도가 훨씬 넓어져요.

건강한 신념이 건강한 삶을 만든다

최설민 부정적인 상황에 놓이더라도 거기에 매몰되기보다 긍정적인 면을 볼 수 있도록 자신의 생각을 바꿀 필요가 있다는 생각이 듭니다. 그러면 나의 핵심 신념을 구체적으로 알 수 있는 방법이 있나요?

지나영 우리의 모든 생각과 성찰은 어디서부터 시작될까요? 바로 '나'로부터예요. 그런데 우리나라 문화에는 '나'가 빠져 있어요. 어릴 때부터 나를 생각하고 나를 표현하고 나를 알아가는 훈련을 거의 하지 않는 거죠. 지금 삶이 힘든 사람은 우선 나를 알아야 해요. 나를 아는 간단한 방법은 내가 잘하는 것, 좋아하는 것, 흥미로운 것을 알아보는 거예요. 누굴 위해서, 누구에게 인정받으려고 하는 게 아니라 내가 정말 좋아서 하는 것들을 찾는 거예요.

그런데 많은 사람들이 내가 뭘 좋아하는지, 내 가슴을 뛰게 하는 게 뭔지 잘 몰라요. 내가 좋아하는 걸 찾는 게 진짜 '나'에게 가는 길이에요. 이런 말을 들어도 어떻게 해야 할지 잘 모르겠다면 나 혼자만의 시간을 가져보세요. 그걸 조금 더 깊이 있게 하면 그게 바로 '명상'이에요. 뭘 찾으려고 하는 게 아니라 생각을 비우고 호흡하며 내 몸에 집중하는 거예요. 이런 훈련이 쌓이면 어느 순간 내가 뭔가를 결정할 때 내 내면의 소리에 귀를 기울일 수 있게 돼요.

예를 들어 둘 중 하나를 선택해야 하는 상황에 놓였을 때 다른 사람의 시선이나 평판 등에 신경 쓰지 않고 오로지 내가 진짜로 좋아하고 내 가슴을 뛰게 하는 게 어떤 것인지 내면의 소리에만 귀를 기울이는 거죠. 길고 긴 인생을 사는 동안 내 마음의 소리에 귀를 기울이지도 않고, 가슴 뛰고 신나는 일도 하지 않는다고 생각해 보세요. 인생이 너무 끔찍하고 암울하잖아요. 그런데도 우리는 몇 등을 하는지, 돈을 얼마나 버는지, 몇 평짜리 집에 사는지에만 집중하며 평생을 살아요. 너무 안타까운 일이죠.

최설민 호흡이나 명상을 통해 나에 대해 알게 되고, 내가 좋아하는 것과 싫어하는 것에 대해 명확히 알고 나면 나의 핵심 신념을 찾는 데 도움이 될까요?

지나영 지금 삶이 많이 힘들다면 명상의 목적을 나의 핵심 신념을 찾는 데 두기보다 건강하게 만드는 데 두는 게 좋아요. 우리 대부분은 어릴 때부터 심각한 경쟁 속에서 자라다 보니 자신이 늘 부족한 사람이라는 건강하지 않은 핵심 신념을 가지고 있어요. 핵심 신념을 건강하게 바꾸기 위해 제가 호흡과 함께 가장 많이 하는 말이 '나는 가치 있는 사람이다'예요. 조건과 상관없이 나는 그냥 나로서 가치 있는 사람인 거예요. 이 말이 진리임에도 사람들은 믿으려 하지 않아요. 들어본 적이 없기 때문이에요.

제가 매일 하는 간단한 호흡법을 알려드릴게요. 일명 '4-2-4 호흡법'이라고 하는데, 4초 동안 코로 숨을 들이마시고, 2초 동안 참고, 4초 동안 입으로 후 하고 숨을 내뱉는 거예요. 숫자를 세면서 이렇게 호흡을 반복하면 거기에만 집중하게 되면서 차분해져요. 그리고 후 하고 숨을 내뱉으면서 릴랙스할 때 나 자신에게 '나는 가치 있는 사람이다'라고 말해주는 거예요.

인간은 누구나 태어나는 그 순간부터 가치 있는 존재예요. 세상에 나라는 존재 가치보다 더 중요한 건 없고, 나에게는 '나'가 제일 중요하죠. 그래서 내가 가치 있는 사람이라는 말은 그 자체로 진리인 거예요. 그런데 사람들이 잘 믿지 않아요. 우리 문화가 어릴 때부터 그렇게 가르치지 않기 때문이에요. 대신에 "너 그 정도 성적으로 어디 사람 구실이나 하겠니?"라고 말하죠. 이 말은 곧 내 가치가 성적에 달려 있다는 걸 의미해요. 한국 사회에서 사는 대부분의 사람들이 이런 환경에서 성장하기 때문에 어른이 되어서도 그게 옳은 건 줄 알아요.

사람의 가치는 성취나 성과에 달려 있지 않아요. 한 사람의 존재 가치를 그가 버는 돈으로 환산할 수는 없어요. 예를 들어 사장과 비서 두 사람이 동시에 사고를 당했어요. 그때 누군가가 돈을 더 많이 버는 사장 먼저 구해야 한다고 말한다면 어떨까요? 우리 마음이 굉장히 불편하겠죠. 지위나 돈으로 가치를 평가한다는 건 우리의 본성과 어긋나는 일이기 때문이에요. 사람은 누구나 존재 자체로 존엄한 가치가 있는 거예요. 그래서 서로가 서로의 존재를 존중해야 하는 건 너무도 당연한 진리예요. 서로 다르다는 걸 인정하고 존중하면서 나는 그냥 내 마음이 흐르는 대로 내 걸 하면 돼요.

감사요법으로 긍정 회로를 작동하라

최설민 명상을 통해 나의 핵심 신념을 건강하게 만들고 나면 그다음 단계로 뭘 해야 할까요?

지나영 내가 좋아하고 잘하는 걸 찾는 거죠. 이때 중요한 키워드가 자율성이에요. 나의 장단점이나 호불호를 잘 모르겠다면 탐구하면 돼요. 나를 알 수 있는 좋은 탐구 방법으로는 독서를 권해요. 도서관에 가서 편하게 이 책 저 책 둘러보다가 내 마음과 눈길이 가는 책을 선택해 보면 돼요. 그게 내가 좋아하는 분야일 수 있어요. 독서가 힘들면 온라인 강의를 찾아 듣는 것도 괜찮아요. 어렵지 않은 일인데 젊은 세대 중에 그렇게 하는 친구들이 잘 없어요. 일하느라 바쁘고, 틈이 나면 모여서 스트레스 푸는 데 시간을 쓰죠.

친하지도 않은 친구 아이 돌잔치에 꼭 가야 할까요? 크게 흥미도 없는 동호회나 동창 모임에 출근 도장 찍듯이 매번 참석해야 할까요? 그보다는 진실한 친구와 함께하거나 조금 더 자기 시간을 갖는 걸 중요하게 여겼으면 좋겠어요. 자기한테 시간을 투자하지 않으면 90세가 되도록 살아도 내가 누구인지, 내가 진짜 좋아하는 게 뭔지 잘 몰라요.

최설민 명상을 통해 나의 핵심 신념을 건강하게 만들고, 책이나 온라인 강의 등을 통해 내가 좋아하는 것을 찾아나가는 과정을 거치다 보면 나 스스로 건강한 삶의 환경을 만들 수 있을 것 같다는 생각이 듭니다.

지나영 아주 좋은 생각이에요. 세상의 많은 사람들이 모두 똑같은 인생을 살 수는 없어요. 수없이 많은 사람들이 모두 똑같은 길을 간다고 생각해 보세요. 전쟁터처럼 경쟁이 치열할 수밖에 없고 재미도 없죠. 저마다 자신에게 맞는 길을 찾아가야 해요. 그게 나 스스로 내 삶을 만드는 거예요. 중간중간 돌부리나 가시덤불이 있으면 치우면서 가면 돼요. 그건 결코 시간 낭비가 아니에요. 내가 궁금한 것, 내가 원하는 걸 알아가는 과정이니까 결코 아까운 시간이 아니죠.

자기 자신에 대해 알아보는 시간도 갖지 못한 채 남들이 다 가는 뻔한 길로 가면 과연 50세가 되고 60세가 되었을 때 자기 자신에게 '나 정말 잘 사는 것 같아'라고 말할 수 있을까요? 아마 대부분은 '이게 뭐지? 이렇게 3~40년을 더 살다 죽는 건가?' 하는 생각이 들 수 있어요. 그렇게 살고 싶은 사람은 없을 거예요. 그러니 조금 더 용기를 내고, 조금 더 길게 보면서 자기가 하고 싶은 걸 찾아보기 바라요. 내가 가고 싶은 길, 나의 뜻을 절대 잊으면 안 돼요.

자율성autonomy과 긴밀하게 연결되어 있는 게 진실성authenticity이에요. 예를 들어 내가 한 친구를 만났어요. 그런데 평소와 다르게 말, 행동, 눈빛, 스타일 등이 모두 진실해보이지 않는 거예요. 친구는 자신이 생각하는 어떤 이미지를 만들어내기 위해 모든 걸 설정한 거죠. 그러면 내가 오늘 만난 사람은 과연 누구일까요? 친구가 보여주고 싶었던 사람을 만난 것이지, 진짜 내 친구를 만나 게 아닌 거예요.

그렇게 진실성이 없어 보이는 사람과 잘 지내고 싶은 사람이 있을까요? 그 사람이 아무리 멋있고 예쁘고 똑똑하다고 해도 모두 허상일 뿐인 거고, 그런 사람 곁에 있고 싶은 사람은 없어요. 나는 가치 있는 존재라는 확고한 믿음이 있으면 누굴 대하더라도 언제든 진실할 수 있어요. 나에 대해 잘 알고, 내가 하고 싶은 게 뭔지 알고, 서로를 존중하며 평생을 살면 나는 정말 괜찮은 사람이고, 나 스스로 나의 길을 찾아 진실하게 살았다고 자신할 수 있게 되는 거죠.

최설민 실질적으로 내 삶의 고통을 조금 내려놓을 수 있는 방법이 있을까요?

지나영 한 가지 팁을 드리자면 '감사요법'이라는 게 있어요. 제가 아팠을 때 사용했던 방법이기도 해요. 현실이 몹시 힘들지만 정신을 차리고 감사한 것들을 찾기 시작했어요. 병간호를 해주던 엄마에게 감사하고, 완치될 때까지 지지와 격려로 기다려주는 직장 상사들에게 감사하고, 내가 혼자가 아니라 남편이 있다는 것에 감사하고, 감사한 일들이 아주 많았어요. 그런 마음을 갖지 않았다면 아마 절망의 구렁텅이로 빠져들었을 거예요.

감사요법을 하면 나머지는 저절로 좋아져요. 특히 우리 뇌의 시상하부가 활성화되는데, 이곳은 일종의 '감사센터'라고 할 수 있어요. 시상하부는 체온, 수면, 맥박수, 호흡 등 우리의 대사를 조절하기 때문에 이곳이 활성화되면 몸이 전체적으로 편안해지고 잠도 잘 자게 되죠. 감사요법을 하고 검사를 해보면 세로토닌과 도파민도 올라가요. 세로토닌은 우리의 기분을 좋게 하고 도파민은 동기부여를 만들어줘요. 생리적으로 몸의 변화가 나타나는 거예요.

상황이 조금 고통스럽더라도 감사요법을 반복적으로 훈련하면 활성화가 더 빨리, 더 오래 지속돼요. 나에게 있는 부정적인 회로를 끊고 긍정적인 회로로 바꾸는 방법이에요.

잠들기 전 5분 정도만 할애하면 되니까 아주 쉽고 간단하죠. 나에 대한 감사, 타인에 대한 감사, 내가 가진 물질에 대한 감사, 나의 경험에 대한 감사 등등 찾아보면 감사할 일이 참 많아요. 꼭 해보기를 바랍니다. 실제로 삶의 변화를 느끼게 될 거예요.

놀심의 한 줄로 배우는 심리학

* 부정적인 신념을 가지고 있으면 환경이 좋아져도 삶 전체가 좋아지지 않아요. 건강하고 긍정적인 신념을 만드는 연습이 필요합니다.
* 명상과 호흡만 잘해도 오롯이 나에게 집중하는 시간을 가질 수 있어요. 그것만으로도 삶의 품격이 달라집니다.

타인의 시선이 두렵고 버거울 때 가장 먼저 해결해야 하는 것

신고은 | 사회심리학 전공, 작가

뭔가를 바라는 건 나쁜 게 아니에요.
하지만 욕구를 드러내는 게 잘못이라고 배워왔기 때문에
욕구를 인정하는 것 자체가 어렵죠.
생물학적이든, 정서적이든 욕구라는 건
누구에게나 필요한 자연스러운 상태라는 걸
인정해 보는 건 어떨까요?

최설민 우리 사회에서는 자신의 바람을 솔직하게 말하는 걸 좀 불편하게 보는 경향이 있는 것 같습니다. 그래서인지 자신이 원하는 걸 잘 말하지 못하는 사람들이 많아요. 근본적인 진짜 이유는 뭘까요?

신고은 내가 원하는 걸 잘 말하지 못하는 이유 중 하나는 욕구를 드러내면 상대방이 싫어하지 않을까, 나를 이상하게 보지 않을까 하는 생각 때문이에요. 욕구는 내 안에 뭔가가 결핍되었거나 혹은 과잉되어 있을 때 평행 상태로 유지하고 싶어 하는 자연스러운 현상이죠. 그런데 우리는 '욕구' 자체를 부정적으로 느끼는 경우가 많아요.

예를 들어 '나는 인정 욕구가 많아'라고 말하면 '쟤는 사랑받지 못하고 살았나?'라고 느낀다거나 '나는 권력 욕구가 좀 있어'라고 말하면 '저 사람은 권력이 생기면 못된 짓을 할 것 같은데'라고 받아들이는 거예요. 원하는 것 자체를 부정적인 시각으로 보는 거죠. 어려서부터 진심을 표현하지 않는 게 미덕인 사회에서 살다 보니 내가 원하는 걸 숨기는 게 익숙해진 거죠.

최설민 나의 욕구를 들키고 싶지 않아서 억누르고 숨기면 그로 인해 부정적인 결과를 초래할 수도 있지 않을까요?

신고은 그렇죠. '배변'을 예로 들면 이해가 훨씬 쉬울 수 있어요. 배가 아파 화장실을 가고 싶은데 사람들 앞에서 대놓고 말하기가 부끄럽고 더러워 보일까 봐 계속 참고 있다 보면 결국 대참사가 일어나죠. 참는다고 해결되는 게 아니라 배출을 해야만 끝나는 거니까요. 내면을 숨기면 당장은 나를 포장할 수 있을지 모르지만 참아왔던 욕구는 반드시 존재감을 드러냅니다. 결국엔 가장 드러내기 싫은 모습을 보여주는 순간을 맞이하게 되는 거죠.

최설민 억눌렸던 욕구가 더 이상 참을 수 없는 수준이 되면 한순간에 폭발해버리는 거군요.

신고은 그렇죠. 같은 맥락으로 '착한 사람이 화나면 더 무섭다'는 말은 괜한 소리가 아니에요. 그 사람이 화가 나서 무서운 게 아니라, '화내지 말아야지, 좋은 사람으로 보여야지'라면서 불편한 감정을 계속 억누르고 있다가 더 이상 참지 못하는 순간에 확 폭발해버리기 때문에 무섭게 구는 거죠. 불편한 감정을 그때그때 표현하고 해결하면 별 문제가 되지 않았을 텐데, 그렇지 않고 쌓아두다 보니 가장 보여주기 싫은 모습, 가장 나쁜 모습으로 드러나게 되는 거예요.

욕구는 참는다고 해결되지 않는다

최설민 결국 좋은 사람으로 보이고 싶은 나의 또 다른 욕구 때문에 나머지 욕구를 억누른 채 가면을 쓰고 사는 것과 같다는 생각이 듭니다. 그렇게 가면을 쓴 채 살아가면 내 삶은 어떻게 흘러가게 될까요?

신고은 나답지 못한 삶을 살게 되겠죠. 내가 원하는 삶이 있는데 그대로 살지 못하면 괴리감을 느낄 수밖에 없어요. 거절하고 싶지만 거절하지 못하는 자신을 보면서 마음이 불편해지는 것처럼 말이죠. 얼마나 혼란스럽나요.

우리는 자신의 욕구를 드러내면 상대방이 싫어할 거라는 불안이 있어요. 그런데 내가 바라는 걸 솔직하게 표현한다고 해서 다른 사람들이 나를 그렇게 나쁘게 보지는 않거든요. 오히려 욕구를 숨기려 애쓸 때, 상대방으로부터 인정받기도 힘들다는 걸 알아야 해요. 나다운 모습으로 살아가지 않으면 매사 어색하게 굴게 돼요. 결국 원하는 것도 얻지 못하고, 타인의 인정을 받지도 못하는 어정쩡한 상태로 살아가게 되는 거죠.

최설민 그렇게 살다 보면 점점 내 존재 자체를 잃어가는 결과가 나타날 수도 있겠네요. 많은 사람이 자신에게 어떤 욕구가 있는지조차 모른 채 살아가는 것 같아요. 그래서 더더욱 내가 지금 어떤 상태인지 스스로 점검해 보는 시간이 필요하지 않을까 싶습니다. 그러면 온전히 나다운 모습으로 살아갈 수 있는 좋은 방법이 있을까요?

신고은 일단 욕구가 나쁜 게 아니라고 인정하는 게 제일 중요해요. 어려서부터 받은 교육과 살아온 문화적 분위기 때문에 욕구를 인정하는 것 자체가 어려워요. 그래서 생물학적이든, 정서적이든 욕구가 생기는 건 자연스러운 현상이라는 걸 인정하는 게 첫 번째 단계예요.

정신분석학자였던 프로이트는 우리의 마음에는 세 명의 사람, 즉 세 개의 성격 구조가 있다고 말해요. 본능처럼 행동하기를 부추기는 성격을 '원초아', 완벽주의적이고 이상적인 행동을 하려는 성격을 '초자아', 그리고 이 두 개의 성격이 조화를 이루도록 만드는 성격을 '자아'라고 해요. 원초아와 초자아가 바라는 게 서로 달라 갈등하게 되면 욕구가 잘 해결되지 않아요. 그런 상황에서 우리는 방어기제를 사용하게 되죠.

방어기제는 무의식적으로 나타나기 때문에 자신은 인식하지 못해요. 하지만 다른 사람이 볼 때 '저 사람 왜 저렇게 행동하지? 왜 저런 말을 하지?' 하는 생각이 들면 그 사람은 자기도 모르게 방어기제를 사용하고 있을 가능성이 높아요.

누군가 이유 없이 미운 건 억눌린 내 욕구 때문일 수 있다

최설민 나의 말과 행동을 돌아보면서 '아, 이런 게 나의 방어기제였구나' 하고 알아차릴 수 있는 방법은 없을까요? 대표적인 방어기제를 알아두면 도움이 될 것 같습니다.

신고은 대표적으로 투사projection라는 방어기제가 있어요. 영화관에 가면 프로젝터로 스크린에 영상을 쏘듯이, 내 마음속에 있는 욕구를 다른 사람한테 쏘는 거예요. 특히 충족되지 않았거나 가져서는 안 되는 욕구가 있을 때 상대에게 그런 모습이 있다고 돌림으로써 자신은 그렇지 않다고 생각하는 거죠.

예를 들어 내 마음속에 성적으로 어필하고 싶은 욕구가 있다고 하면 사회적으로 바람직하지 않아 보이잖아요. 그러니까 나도 모르게 그 욕구를 무의식에 숨겨놔요. '아니야. 나는 굉장히 정숙한 사람이야'라는 식으로 정신 무장을 하기 시작하는 거예요.

최설민 원초아와 초자아와의 갈등이 시작된 거네요?

신고은 맞아요. 그러고 나서 인정하고 싶지 않은 내 모습을 다른 사람에게 투사하는 거죠. 예를 들어 미니스커트를 입고 향수 냄새를 풍기는 여성이 지나가면 돌연 그 여성을 보며 '뭐야? 왜 저러고 다녀! 남자 유혹하려고 그러는 거야?' 라는 식으로 비난하는 거예요. 이런 방어기제를 통해 나는 그런 사람이 아니라고 못을 박는 거죠.

주변에 보면 유독 다른 사람의 단점을 잘 찾는 사람이 있어요. 그런 사람들 대부분이 투사라는 방어기제를 쓰고 있다고 보면 돼요. 자신의 단점을 다른 사람에게서 찾아내는 거죠. 경찰들이 범죄자들의 심리를 알아차리기가 어려울 때 범죄에 능통한 사람을 통해 다른 범죄자의 심리를 파악하는 것처럼, 내 마음속에 어떤 욕구가 있으면 다른 사람의 모습에서 그 욕구가 보여요. 상대가 진짜로 가진 욕구든 아니든 간에 말이죠. 만약에 내가 다른 사람의 단점을 잘 집어낸다면 그건 사람을 보는 눈이 뛰어나서라기보다 내 문제가 보일 가능성이 더 크죠.

최설민 어떤 사람이 괜히 밉거나 특정한 감정이 든다면 그게 그 사람의 잘못된 행실 때문이 아니라 내 마음속에 있는 욕구 때문에 그럴 수 있는 거네요. 그러면 나에게 어떤 욕구가 있는지 자세히 들여다볼 필요가 있고, 그럼으로써 자기 통찰의 기회를 가질 수 있는 거군요.

신고은 맞아요. 살다 보면 상대방이 나에게 피해를 줘서 화가 나는 경우도 있지만 그냥 괜히 싫은 사람도 있어요. 그럴 때는 '저 사람에게서 내 문제가 보이는 건 아닐까?' 이런 생각을 해보는 게 좋죠. 욕구는 억압하고 숨기고 참기보다 그때그때 솔직하게 드러내는 게 좋지만 그렇다고 해서 또 무조건 다 드러내서도 안 되잖아요. 그렇기 때문에 무례하지 않은 선에서 드러낼 수 있는 방법을 찾아내 내 욕구를 조금씩 해결하면 대참사를 막을 수 있어요.

최설민 마지막으로 우리가 욕구에 솔직해지면서도 주의해야 할 점이 있을까요?

신고은 주변을 보면 자신이 솔직하고 당당하다고 표현하면서 실은 무례하고 이기적인 사람도 많죠. 욕구를 인정하는 건 자기 멋대로 살라는 말과는 달라요. 배가 아프면 참지 말고 조용히 화장실에 가라는 거지, 공공장소에서 생리적 현상을 해결해도 된다는 말이 아니거든요. 타인의 시선이 버거운 사람은 좀 더 자신에게 솔직해지고, 너무 솔직한 사람은 매너와 사회적 기술을 통해 타인에게 불편감을 주지 않도록 노력하는 게 중요합니다. 그렇게 인정과 예의의 균형을 맞출 때 나답게 살면서도 건강한 우리 안에 지낼 수 있을 거예요.

놀심의 한 줄로 배우는 심리학

* 욕구는 시간이 지난다고 해서 저절로 사라지는 게 아니에요. 그때그때 해결하지 않으면 정말 숨기고 싶었던 최악의 모습으로 드러납니다.
* 다른 사람의 단점을 잘 찾아내는 건 사람을 보는 눈이 뛰어나서가 아니라 대부분 '투사'라는 방어기제를 쓰고 있기 때문이에요.

CHAPTER 6

존중받고 싶다면 화법을 바꿔라

가는 말이 고우면 오는 말도 고와야겠지만
만만하게 여기고 무시하는 사람도 있습니다.
이런 일에 휘둘려 기분이 상하거나
복수를 다짐해 똑같은 사람이 되지 말고,
작은 화법의 변화를 통해
우아하게 상대하는 방법을 알아봅시다.

나를 무시하는 사람을 한마디로 제압하는 법

이헌주 | 연세대학교 미래융합연구원 연구교수

장난과 무시는 엄연히 달라요.
무시는 나를 얕보는 거예요.
착하고 상처 잘 받는 사람들을 타깃으로 삼죠.
내가 만만한 사람이 아니라는 걸 보여줍시다.
참다 참다 폭발한 뒤 후회하지 말고
처음부터 자신을 보호하는 울타리를 칠 필요가 있어요.

최설민 살다 보면 나를 무시하는 사람을 만날 때가 있어요. 그런데 그 이유를 알 수도 없고, 또 그 사람이 진짜 나를 무시하는 건지, 장난으로 그러는 건지 헷갈릴 때가 있습니다. 그걸 구분할 수 있는 특별한 말이나 행동이 있을까요?

이헌주 먼저 한 가지 짚고 넘어갈 게 있어요. 실제로 누군가로부터 무시당했을 때 나는 무시당할 만하다고 생각하고 그대로 받아들이는 사람들이 많아요. 예를 들어 나는 성실하고 착하고 사람들한테도 아주 잘하는 매우 이타적인 사람이에요. 그런데 상대방은 그런 나를 무시하고 인정하지 않아요. 이때 방어하지 못하고 오히려 '내가 더 잘하면 되겠지, 언젠가는 인정받겠지'라면서 자신의 탓으로 돌리고 넘어가는 거예요.

최설민 상대방이 나를 무시하고 있는데 그게 상대방 탓이 아니라 내 탓이라고 생각하는 거네요.

이헌주 그렇죠. 직장에서도 상사가 "이건 네가 못해서 그렇지"라는 말을 반복하면서 계속 나를 무시하는데, 나는 '내가 뭔가를 잘못해서 그렇지'라고 생각하고 더 잘하려고 노력하는 경우가 많아요. 실제로 내가 공부를 못해서, 내 외모가 이상해서, 내가 매력적이지 않아서 무시당할 만하다고 이야기하는 사람들이 있어요. 하지만 자신을 탓할 게 아니라 그 말이 어디서 왔는지 찾아봐야 해요. 사실 그 말은 누군가에게서 들은 말일 테니 그 기원을 찾는 거죠. 떠올려보면 그 말을 처음으로 한 사람이 있었던 경우가 많아요. 그 부정적인 메아리가 나에게서가 아니라 누군가에게서 온 거라는 걸 아는 것만으로도 한결 자유로워질 수 있어요.

주변에는 내가 다정하게 대해야 하는 소중한 사람도 있지만 단호하게 대처해야 하는 사람도 있어요. 착하게 대했을 때 서로 호의적인 관계가 유지되는 경우도 있지만, 반대로 나를 호구로 보고 이용하거나 무시하는 사람도 있기 때문이에요. 누군가 나를 무시한다는 건 이미 그가 나를 공격하고 있다고 생각하면 됩니다. 그런 사람을 상대로 내가 부족해서 무시당할 만하다고 생각하는 건 너무 억울한 일이에요. 내가 못나서가 아니라 나를 비춰보는 거울이 왜곡되어 있어서 그런 걸 수 있잖아요. 거울이 깨져 있다면 그 거울에 문제가 있는 거지 내가 잘못한 건 아니니까요.

반격하지 않으면 매번 당한다

최설민 상대방이 진실과 거짓을 섞어서 나를 무시하는 상황이라면 의중을 파악하기가 어려울 것 같습니다. 실제로 나를 무시하고 있다는 걸 구체적으로 어떻게 알 수 있죠?

이헌주 크게 세 가지로 볼 수 있어요. 첫째는 내 말이 전혀 받아들여지지 않을 때예요. 반드시 대단한 게 아닐 수도 있어요. 일상의 작은 것들이 누적되는 경우가 상당하죠. 가령 밥이나 차를 마시러 갔는데 내 의견은 묻지도 않고 알아서 주문한다거나, 내 일정은 묻지도 않은 채 약속을 잡아버린다거나, 단톡방에서 내 의견에 대해 답을 안 하는 경우가 반복된다면 그 사람이 나를 병풍처럼 대하는 건 아닌지 생각해 볼 수 있어요. 거기에 대해 내가 뭔가 문제를 제기하면 나를 예민한 사람이라고 몰아세우며 내 탓으로 돌려버리기도 하죠. 이런 방식을 취하는 게 그들의 특징이에요.

둘째는 그 사람의 언어예요. 생각은 언어로 나오기 마련이죠. 나를 무시하는 것 같고 내 말을 안 들어주는 것 같은데 확실한 근거가 부족하다면 조금 기다려보세요. 그러면 뭔가 신호가 옵니다. 예를 들어 “너 오늘 머리 스타일 되게 특이하다”, “너 공부 못한 건 사실이잖아”, “사람들이 너 약간 이상하게 보는 거 맞아” 등등 해서는 안 되는 말, 즉 선을 넘는 말을 하는 경우예요. 셋째는 그런 말을 굉장히 당당하고 위엄 있는 태도로 한다는 점이에요. 마치 자기가 옳고 상대방이 틀렸다는 걸 확언하듯이 말하는 거죠.

최설민 나보다 지위도 높은 사람이 그렇게 말하면 아무 대응도 못하고 내가 진짜 이상한 사람이라고 생각하게 될 것 같습니다. 그걸 알아차리는 게 정말 중요하겠군요.

이헌주 '무시'의 반대말을 생각해 보면 인정, 존중, 경외 등의 단어가 떠오르잖아요. 우리가 BTS 콘서트에 초대받아 갔다고 해봐요. 너무 좋아서 엄청 몰입하겠죠. 내 말을 전혀 경청하지 않고, 심지어 내 의견을 반복적으로 묵살한다는 건 나를 인정하거나 존중하지 않는다는 의미일 있어요.

최설민 비언어적인 신호도 중요한 요소겠네요. 폐쇄적인 보디랭귀지를 한다거나 눈을 맞추지 않는다거나 말하는데 끊는다거나 하는 것도 무시하는 신호일까요?

이헌주 맞습니다. 나를 병풍처럼, 허수아비처럼 여기는 거죠. 나도 욕구가 있고, 기대가 있고, 의견이 있는데 그것들을 전혀 가치 없게 여기는 것 자체가 굉장한 무시의 신호일 수 있습니다. 이런 태도가 반복적으로 나타나면 조금 더 기다려보세요. 한 사람의 생각은 결국 언어로 표현되기 때문에 뻔뻔하고 당당한 태도로 나에게 선을 넘는 발언을 하기 시작할 겁니다. 그러면 그때는 진짜 나를 무시하고 있다고 확신할 수 있는 거죠.

최설민 누군가가 나를 무시한다는 걸 확신하게 되면 그때는 어떻게 대처해야 할까요?

이헌주 대인관계에서 몇 차례 무시당하는 상황이 만들어지면 상대방이 나보다 우위에 있다는 패턴이 형성되어서 그 벽을 깨기가 힘들어져요. 그래서 초반에 반드시 바로잡을 필요가 있습니다. 그 사람의 말을 그대로 '비춰주는 것'이죠. 예를 들어 상대방이 나에게 "너 머리 스타일이 되게 특이하다"라고 말하면 "네 머리 스타일이 더 특이한데"라고 하고, "너 거울 좀 봐. 얼굴이 왜 그래?"라고 하면 "너도 거울 좀 봐"라는 식으로 바로 되받아치는 거예요.

상대방이 선을 넘어 나를 무시하는 언행을 하면 거기에 휘말리지 말고 반드시 나를 방어하거나 반격할 필요가 있어요. '머리 스타일이 특이하다'라고 한 말로 싸울 수는 없으니까 그 말을 그대로 상대방에게 되돌려주는 거죠. 만약에 상대방이 "너 공부 못한 건 사실이잖아"라고 말한다면 그건 내 약점을 잡은 거잖아요. 그럴 때는 "내가 너보다 수학은 잘했지" 혹은 "내가 너보다 운동은 잘하잖아"라며 내가 상대방보다 잘하는 걸로 되받아치는 거예요. 상대방이 나를 무시하는 태도를 내가 이미 알고 있다는 걸 보여주는 거죠.

그런데 이렇게 되받아치는 게 어려운 상대도 있어요. 그때는 정색하는 눈빛으로 "특이하다는 게 어떤 의미예요?"라고 물어보는 거예요. 그러면 상대방이 당황하죠. 그런데 내 물음에 "뭘 그렇게 정색하고 그래?"라고 말하는 사람도 있어요. 그렇더라도 위축되지 말고 "특이하다는 말이 무슨 뜻인지 몰라서 물어보는 거예요"라고 강조해서 말하는 거예요. 선을 넘는 사람에게 내가 만만치 않다는 걸 보여주는 거죠.

최설민 나를 무시하는 상대방의 행동에 아무런 반격이나 방어를 하지 않으면 그 패턴에 휘말리게 되는군요.

이헌주 맞아요. 장난과 무시는 엄연히 달라요. 반복되는 무시는 나를 공격하는 것일 수 있죠. 특히 순한 양처럼 공격성이 없고 착하고 상처 잘 받는 사람들을 타깃으로 삼죠. 그런 사람들을 공격하고 그들이 상처받는 걸 보면서 조소하고 즐겨요. 그렇기 때문에 내가 만만한 사람이 아니라는 걸 더더욱 보여줄 필요가 있습니다. 무시당하는데도 계속 참기만 하면 결국 한순간 폭발해서 돌이킬 수 없는 상황이 되기도 해요. 그래서 더더욱 처음부터 나를 보호할 울타리를 굳건하게 세울 필요가 있어요.

최근 〈내셔널 지오그래픽〉에서 일고여덟 마리의 사자 무리가 있는데 악어 한 마리가 물 밖으로 나온 걸 봤어요. 사자에게 잡아먹힐 수도 있는 상황이었죠. 그때 악어가 도망가지 않고 사자들을 향해 입을 크게 벌리는 거예요. 그랬더니 사자가 악어를 공격하지 않았어요. 다칠 수도 있다고 판단했기 때문일 거예요. 누군가를 공격하고 무시하고 침해하는 사람들의 특징도 그 사자들과 비슷해요. 그들이 가장 두려워하는 건 자신이 상처받거나 다칠 수도 있다는 거예요.

단호한 거절이 답이다

최설민 나를 무시하는 상대방이 그런 두려움을 가지고 있다는 걸 알기만 해도 당당하게 내 의견을 표현할 용기가 생길 것 같습니다. 그런데 대놓고 선을 넘는 사람보다 '은근히' 선을 넘는 사람들은 오히려 대처가 어려울 것 같아요. 그런 사람들을 대처하는 다른 방법이 있을까요?

이헌주 나를 무시하는 것 같지는 않은데 내게 과도한 부탁을 하는 사람이 있어요. 누구에게든 반복해서 무리한 부탁을 한다는 것 역시 무례한 행동이에요. 더군다나 착한 마음으로 그런 부탁을 계속 들어주면 그 사람은 내게 고마워하는 게 아니라 오히려 나를 만만한 사람으로 여기는 경우도 많아요. 그러면서 무례한 부탁을 하거나 나를 이용하는 빈도가 점점 늘어나죠. 누군가 내게 무리한 부탁을 하면 그때는 초반부터 안 된다고 단호하게 말하는 게 좋아요.

예를 들어 퇴근 시간에 또 동료나 상사가 와서는 내 일도 아닌데 "이거 집에 가서 좀 해줘"라고 말하는 거예요. 이때 "8시까지 제가 좀 바빠서 어려울 것 같아요"라고 대답하면 안 돼요. 그러면 상대방이 곧바로 "그럼 9시까지 해주면 되겠네"라고 받아치기 때문이에요. 그러면 나는 이미 상대방의 페이스에 말린 거예요. 그럴 때는 이런저런 이유나 핑계를 댈 필요도 없고, 그렇다고 화를 낼 필요도 없이 단호하고 짧게 "안 돼요. 어려워요"라고 말하는 거예요. 그 말 자체가 이 선을 넘어오지 말라는 일종의 경고인 셈이죠. 물론 사회 생활을 하다 보면 수직적 관계와 관계적 맥락 때문에 거절을 못하는 경우가 있죠. 중요한 건 그렇지 않은 경우도 상당하다는 거예요. 조금씩 거절의 빈도를 넓히는 게 매우 중요합니다. 큰 거절이 아니어도 됩니다. 나는 하고 싶지 않은데 누군가 나에게 무언가를 계속 떠맡긴다면 유연하게라도 거절해야 하고, 그게 바로 나를 지키는 중요한 토대입니다.

최설민 그렇게 짧고 단호하게 말하면 확실히 상대방이 되받아치기 어려울 것 같습니다. 그런데 우리 주변에는 거절 자체를 어려워하는 사람들이 많잖아요. 그런 경우에는 어떻게 해야 할까요?

이헌주 사실 그게 가장 안타까운 부분이에요. 무시당하는 사람들 중에는 관계 욕구가 높은 경우가 많아요. 늘 상대방과의 관계적 맥락을 고려하다 보니 거절하지 못할 때가 많죠. 저마다 좋아하는 음식이 있는가 하면 못 먹는 음식도 있는 것처럼 관계도 마찬가지예요. 다정하게 대해야 하는 상대가 있고, 단호하게 대해야 하는 상대가 있어요. 이를 잘 구분하는 게 중요하죠. 사회 속에서 살다 보면 호의적인 관계 욕구로 다가오는 사람이 있는가 하면, 부정적인 관계 욕구로 내 마음의 문턱을 넘으려는 사람이 있어요. 그런 사람에게는 아예 문을 열어주지 않는 게 최선이에요.

놀심의 한 줄로 배우는 심리학

* 상대방이 나를 무시하면 즉시 반격하세요. 그냥 넘어가면 상대방은 자기가 우위에 있다고 생각해 계속해서 나를 무시하게 됩니다.
* 검은 속내로 내 영역에 들어오려는 사람에게는 철벽이 최고의 무기입니다.

틀린 것도 맞다고 우기는 사람들을 유연하게 상대하는 스킬

하정희 | 한양대학교 상담심리대학원 교수

나를 공격하고 상처를 주는 사람이 있다면
열등감과 수치심이 많은 슬픈 사람이라고 이해해 봅시다.
그러면 그 사람 때문에 내가 화나고 상처받는 일이 줄어들어요.
그 사람의 행동은 어디까지나 그 사람의 문제이기 때문이에요.
그들에게 휘말려 부정적인 가치관에 물들지 말고
오히려 부드럽고 유머러스하게 풀어보는 건 어떨까요?

최설민 인간관계에서는 소통이 정말 중요한데 대화를 하면 할수록 말이 안 통한다고 느껴지는 사람들이 있어요. 자기 말만 옳다고 우기는 이런 사람들이 공통적으로 가지고 있는 특징이 있을까요?

하정희 우선 자기애적 성향이 매우 강하다는 특징이 있어요. 이런 사람들은 기본적으로 자기에 대한 웅대한 상像을 가지고 있죠. 자존감이 높아서가 아니에요. 오히려 그들의 내면에는 열등감과 수치심이 많아요. 그것을 감추기 위해 자기 말이 곧 진리이고 법인 양 주장하면서 상대적으로 타인의 말을 무시하며 하찮게 취급하는 거죠. 상대방의 내면을 쉽게 알아차릴 수 없다 보니 우리는 겉으로 드러나는 것들을 통해 상호작용하게 되고, 그래서 많은 사람들이 이런 유형의 사람들로 인해 상처받는 경우가 있어요.

이런 사람과는 소통 자체가 힘들어서 사실 친구가 되긴 어려워요. 친구는 내가 선택할 수 있는 거니까요. 주로 직장 상사나 동료처럼 어쩔 수 없이 만나야 하는 관계가 많죠. 이들은 회의 때도 상호작용이 아니라 '답정너(답은 정해져 있고, 너는 대답만 하면 돼)'예요. 이미 결론을 내놓은 상태이다 보니 회의의 목적은 그냥 역할 분담인 것뿐이죠. 나머지 사람들은 늘 어이없어하며 회의를 마치게 됩니다.

또 하나의 유형은 남의 말을 잘 못 듣는다는 취약점을 가지고 있는 사람이에요. 이들은 기본적으로 남의 이야기에는 관심이 없고, 자기 말하는 것에만 백 퍼센트 관심이 있어요. 쉽게 말해 '잘 못 듣는 병'이라고 할 수 있죠. 이들의 대화를 녹음해 들어보면 80~90퍼센트를 자기 혼자 말해요. 이런 사람과 대화하거나 회의를 하면 끼어들 틈이 없어서 상대방이 쉽게 무기력해지고 지쳐요. 자기애적 성향이 강하거나 남의 말을 못 듣는 사람 모두 인간관계가 힘든 유형이죠.

최설민 겉으로는 쉽게 티가 안 나니까 그런 유형의 사람인지 모른 채 대화를 하다가 상처받거나 기분이 나빠질 수도 있을 것 같습니다. 대화 속에서 그걸 알아차릴 만한 특징이 있을까요?

하정희 실제로 이런 유형의 사람으로부터 상처받고 상담하러 오는 사람들이 많아요. 가장 많이 생기는 문제는 스트레스죠. 어떤 경우에는 트라우마가 생겨서 그 사람의 이야기를 하면 손을 떠는 등의 신체화 증상이 나타나기도 해요. 자기애가 강하고 자기 말만 하는 이런 유형의 사람들은 표면적으로 쉽게 분노하고 화를 잘 내는 특징이 있어요. 그렇게 센 척하면 내면도 강할 거라고 생각하기 쉬운데 실제로는 그렇지 않아요.

앞에서도 말했듯이 이들의 내면은 수치심과 열등감이 핵심 특성이에요. 수치심과 열등감이 많은 사람은 자존감이 낮고 '나는 못난 사람이다'라는 신념과 감정이 지배적이죠. 이들이 누군가를 공격하는 것은 약하디 약한 자기 마음을 보호하기 위한 일종의 방어적 행동이라고 볼 수 있어요. 보통 사람들은 회의를 하면서 "난 A가 좋은데 어때요?"라고 했을 때 다른 누군가가 "A도 좋지만 B도 괜찮은 것 같아요"라고 말한다고 해서 화가 나진 않아요. 그냥 "그래요? B가 왜 좋은데요?" 하고 묻는 정도죠.

그런데 자기애적 성향이 강하거나 분노가 많은 사람들은 누군가의 이런 사소한 말로도 화가 나요. 이들의 대전제는 '나는 못난 사람이다', '나는 쓸모없다'가 주를 이루기 때문에 사소하게라도 자극을 받으면 그것을 자기에 대한 비난이나 공격으로 받아들여요. 겉으로는 무척 강하고 세 보이지만 안타깝게도 이들의 핵심 정서는 수치심과 슬픔이에요. 이런 유형의 사람들을 상대할 때는 '열등감이 크고 슬픈 사람'이라는 이해를 전제하는 게 좋아요.

알고 보면 별것 아닌 나약한 존재들

최설민 자기애적 성향이 강하거나 자기 말만 하는 사람들은 대부분 마음이 약해 있는 상태여서 분노가 많고, 겉으로는 매우 세 보이는 특징을 가지고 있는 거네요. 그러면 이런 사람과는 어떤 방식으로 대화를 해야 내가 최대한 상처받지 않을 수 있을까요?

하정희 상처받지 않으려면 첫째, 이들의 특징을 이해하는 게 좋아요. 나를 공격하고 상처를 주려는 게 목적이 아니라 내적으로 열등감과 수치심이 많은 슬픈 사람이어서 그런 거라고 이해하는 거죠. 그렇게 이해하면 그 사람의 행동 때문에 내가 화나고 상처받는 일이 줄어들어요. 그 사람의 그런 행동은 어디까지나 그 사람의 문제이기 때문이에요. 일단 내 생각을 바꾸는 게 아주 중요해요.

둘째는 이런 사람들과 상호작용을 하다 보면 알게 모르게 너무 많은 상처를 받아서 내면에 여러 가지 감정이 쌓여요. 그래서 공격적으로 자기 말만 하는 사람들과 대화할 때의 내 행동을 한번 돌이켜볼 필요가 있어요. 그 사람으로 인해 화난 감정이 누적되어 있다 보니 부지불식간에 언어적 혹은 비언어적으로 나 또한 그 사람을 공격했을 수 있거든요. 예를 들면 그 사람이 나한테 무슨 말을 하기도 전에 나는 이미 화가 나 있는 거죠. 이런 분노 에너지 때문에 더 화가 나고 신경 쓰이고 상처받을 수 있다고 생각해요.

셋째는 이런 사람들과 대화를 잘해보겠다는 생각 자체를 조금 내려놓는 거예요. 대화는 상호작용이잖아요. 나를 화나게 하는 사람을 상대로 대화를 잘해보려 하는 건 선한 마음이지만, 자기애적 성향이 강하고 자기 말만 하고 지나치게 분노가 많은 이런 사람들과는 내가 원하는 방식으로 대화하는 것 자체가 어렵다고 생각하고 마음을 비우는 게 좋아요.

최설민 상대방을 너무 이해하려 하고 상대방에게 맞추려 하다 보면 그 과정에서 오히려 내가 피폐해질 수도 있다는 말씀이네요.

하정희 맞아요. 그래서 '맞춘다'의 패러다임을 조금 바꿔보면 어떨까 싶어요. 그들은 대개 화가 많이 나 있는 상태여서 그들과 대화하려면 어느 정도 맞춰줄 수밖에 없어요. 그런데 우리가 성인군자도 아닌데 늘 맞춰주기만 하다 보면 무기력해지잖아요. 그래서 '맞춘다'고 생각하지 말고 이 사람을 한번 '이해해본다'는 쪽으로 생각을 바꿔보면 어떨까 싶어요. 세 보이는 겉모습과 달리 내면은 열등감이 많고 슬픈 사람이니 내가 좀 이해해 보겠다는 자세로 대화를 시도해 보는 거예요. 그러면 정말 싫은 사람이어도 간혹 연민이 생겨요. 그러면 내가 상처를 최대한 덜 받고 관계를 유지할 수도 있죠.

그렇더라도 연민만이 최선은 아니기 때문에 이런 사람과 대화할 때는 자기표현을 잘하는 것도 아주 중요해요. 이때 상대방과 똑같이 공격적으로 자기주장을 하라는 말이 아니에요. 인간관계에 뛰어난 사람일수록 자기표현의 기술이 천만 가지가 넘어요. 자기표현을 하되 그때그때의 상황에 맞게 다양하고 유연하게 하는 거예요. 때로는 유머러스하게 때로는 단호하게 때로는 부드럽게 자기표현을 하면 나의 권리를 지키면서 기본적인 인간관계를 유지할 수 있다고 봅니다.

최설민 자기표현의 방식이 천만 가지가 넘는다고 하셨는데, 일상에서 활용할 만한 자기표현 방식으로는 어떤 게 있을까요?

하정희 이런 사람을 상대로 비장하고 딱딱한 화법으로 대화하는 건 '0점'이에요. 조금이라도 자기를 공격하는 것 같은 어조가 느껴지면 열등감과 수치심이 자극받기 때문에 기본적으로 웃으면서 부드럽게 이야기하는 게 훨씬 더 효과적이에요. 물론 그 사람으로 인해 내 기분이 나쁜 상태에서 웃으며 부드럽게 대화한다는 게 쉽진 않죠. 그래서 꼭 기억해야 하는 게 '이해하기'와 '표현하기'가 세트처럼 항상 병행되어야 한다는 점이에요.

나한테 분노의 감정이 생기지 않고 상대방을 이해해야만 우리 내면이 쓸데없는 감정에 휘둘리지 않을 수 있어요. '저 사람은 그럴 수밖에 없어'라는 생각을 반복적으로 해야 그 사람이 화를 내거나 자기 말만 하거나 소리를 질러도 거기에 휘둘리지 않을 수 있어요. 그래야 내 안에 있는 유머나 부드러움 등의 정서를 자연스럽고 유연하게 표현할 수 있는 거죠.

그들만의 논리에 휘말리면 지는 거다

최설민 그 사람의 심정을 어느 정도 이해하는 게 필요하겠네요. 예를 들어 누군가가 고함을 질러서 너무 시끄러운데, 알고 보니 다쳐서 비명을 지른 거였다면 충분히 이해할 수 있는 것과 비슷한 맥락이 아닐까 싶습니다. 그렇게 그 사람을 이해한 뒤에는 구체적으로 어떻게 내 생각을 표현하는 게 좋을까요?

하정희 부드럽지만 단호하게 하는데, 특히 할 말만 짧게 하는 게 핵심이에요. 그 사람들에게는 이기고 지는 게 매우 중요한 논리예요. 그래서 조금이라도 자기가 진다고 느껴지면 열등감과 수치심이 자극되어서 그들의 논리 싸움에 빠지기 쉬워요. 그러면 또 목소리가 커지고 화를 내면서 그 분노의 화살을 나에게로 돌리죠. 그들과 싸울 때는 맞고 틀리다의 논리 싸움에 빠지지 말고 최대한 평정심을 유지하고 상대방의 눈을 쳐다보면서 내가 말하려는 것의 핵심만 차분하고 분명하게 두어 번 반복해서 이야기하는 거예요.

그렇게 하고 난 뒤 상대방이 내 이야기를 수용하든 하지 않든 그것은 내 몫이 아니라 그 사람의 몫이에요. 여기서 중요한 건 내가 표현했다는 것 자체에 의미를 두는 거예요. 그렇게 함으로써 그들로부터 우리의 권리를 지킬 수 있으니까요. 또한 이것은 나 자신과의 약속이기도 해요. 그 사람과 만났을 때 할 말은 꼭 하겠노라고 나 스스로 다짐하는 거죠.

최설민 상대방의 말을 내가 맞받아치는 순간 그 사람의 판에서 싸우게 되는 거고, 그건 이미 진 싸움이 되는 거네요. 그런데 내가 그 사람을 무서워하고 겁내는 상황이더라도 그 감정을 표출하면서 이야기하는 게 맞을까요?

하정희 그럼요. 그건 아주 중요한 점이에요. 일단 그 사람을 상대로 겁낼 필요가 없다고 자신을 다독이는 거예요. 상대방이 화를 내면 순간 겁이 나거나 위축될 수 있어요. 하지만 그 사람이 나한테 화내는 이유가 내가 그 사람한테 크게 뭘 잘못해서가 아니에요. 그들은 늘 화가 나 있고, 그건 그냥 그 사람의 문제예요. 거기에 압도되면 겁이 나고 위축되어서 할 말도 못 하게 돼요. 반드시 나의 감정과 그 사람의 행동을 분리하려는 노력이 필요해요.

먼저, 상대가 화를 내면 심리적으로 한 발 뒤로 물러서서 나 자신을 안심시키는 거예요. 나를 보호하는 장치 같은 거죠. 그런 상태에서 꼭 내가 해야겠다 싶은 말을 하는 거예요. 그러면 상당 부분 나의 권리를 지킬 수 있어요. 실제로 그렇게 하고 나면 나 자신이 뿌듯하게 느껴져서 기분이 좋아져요.

최설민 어떤 느낌인지 알 것 같습니다. 상대방이 무섭고 피하고 싶지만 그렇더라도 나의 권리를 위해 하고 싶은 말은 꼭 하라는 말씀이군요. 그러면 그런 말을 연습하듯 미리 메모하는 것도 괜찮지 않을까요?

하정희 농담 같지만 저도 그런 적이 있긴 해요. 상대방의 화에 압도되어 자다가도 벌떡벌떡 화가 나더라고요. 그래서 회의 같은 자리라면 꼭 할 말을 미리 메모해두었다가 이야기하는 것도 하나의 팁일 수 있어요. 인간관계는 누구나 힘들어요. 너나없이 크고 작은 문제들을 겪고 살죠. 특히 이렇게 자기애적 성향이 넘치고 자기 말만 하고 화가 많은 사람들과 소통하는 건 누구에게나 어려운 일이에요. 그런 사람들을 상대할 때는 어떻게든 내 생각을 표현하려는 노력이 필요하고, 그것이 나를 보호하면서 그들과의 관계를 잘 유지할 수 있는 방법입니다.

놀심의 한 줄로 배우는 심리학

* 상대방이 화를 내며 자기 말만 한다고 해서 겁내고 위축될 필요 없어요. 그건 그 사람이 그냥 이상한 거예요. 반드시 나의 감정과 그 사람의 행동을 분리하세요.
* 맞추려 하지 말고 '그럴 수밖에 없는 사람'이라고 이해해 보세요. 그들의 공격성은 약하디약한 자기 마음을 보호하기 위한 일종의 방어적 행동이니까요.

예민해서 소통이 어려운 사람들이 당당하게 말하는 방법

박재연 | 리플러스인간연구소 소장

"잘했어, 참 착하네"라는 가벼운 칭찬보다
"내가 뭘 좋아하는지 물어보고 챙겨줘서 고마워.
덕분에 내가 좋아하는 걸 할 수 있네"라고 말해보세요.
상대방의 행동이 의미 있다는 걸 구체적으로 표현하는 거예요.
상대방을 단정 짓는 '판단'에서 벗어나는 게
대화를 어렵게 만드는 예민함을 뿌리뽑는 첫걸음입니다.

최설민 평소 예민해서 대화를 잘 못하고, 그렇다 보니 인간관계를 맺는 데 어려움을 느끼는 사람들이 있습니다. 그들만의 특별한 말하기 습관이 있나요?

박재연 대화에 실패했다 혹은 성공했다, 대화를 잘한다 혹은 못한다의 기준이 뭘까요? 대화에는 객관화된 수치도 없고 구체적인 기준이나 척도도 없어요. 하지만 이런 건 있는 것 같아요. 대화를 하고 돌아섰는데 자기 마음 안에 '할말을 못했네' 아니면 '난 왜 이렇게 내 표현을 못할까?'라는 후회와 답답함이 생기면 그때는 자신의 대화에 대해 한번 짚어볼 필요가 있어요.

또 하나는 나는 괜찮은데 상대방이 '다시는 너랑 안 만난다' 혹은 '내가 두 번 다시 너랑 대화하나 보자'라는 식의 반응을 보일 때도 대화에 점검이 필요하다고 봅니다. 핵심은 두 가지예요. 첫째, 나 스스로 내가 원하는 말을 잘 못한다는 생각이 들면 그때는 나의 대화에 대해 살펴볼 필요가 있어요. 둘째, 아주 가깝고 친하고 소중한 사람들로부터 '너 약간 대화에 문제가 있는 것 같아'라는 피드백을 지속적으로 들을 때도 대화에 변화가 필요해요.

그런데 우리가 대화의 어려움을 이야기할 때 예민해서 그렇다는 말을 참 많이 해요. 예민하다는 것 또한 객관적인 기준이나 틀이 없죠. 자기 스스로 자기가 예민하다고 생각하는 사람이 있는가 하면, 자기는 못 느끼는데 상대로부터 너무 예민하다는 말을 듣는 경우도 있어요. 만약에 인간관계 속에서 남들은 쉽게 넘어가는 것도 나는 그렇지 못하다고 느낀다거나 또는 주변 사람들로부터 너무 예민하다는 피드백을 받는다면 그게 무엇 때문인지 살펴볼 필요가 있죠.

이런 사람들의 대화 패턴을 살펴보면 머릿속에 아주 많은 판단 기준이 들어온다는 거예요. 남들은 웃고 넘어가는데 '왜 웃지? 나를 무시하나?', '나에 대해 부정적으로 느끼는 건가?'라고 생각하는 거예요. 우리는 하루 동안에도 수많은 자극을 받지만 대부분 그 자극에 일일이 반응하진 않죠. 그런데 자꾸 뭔가에 걸려 나를 멈추게 하거나 자극에 반응하는 빈도수가 높으면 대화가 잘 되지 않아요.

예를 들어 테이블 위에 커피가 있어요. 그러면 보통은 "저도 커피 한잔 마셔도 될까요?"라고 말해도 되는데, '왜 나한테 마시라고 권하지 않지?', '왜 나한테는 마실 거냐고 묻지 않지?' 이런 걸림이 있다면 "제 커피는 없나요?"라는 말이 잘 안 나와요.

'판단'하지 말고 '관찰'하기

최설민 지금 말씀하신 그 부분이 요즘 사람들이 이야기하는 예민함의 기준일 수도 있을 것 같습니다. 그런 생각이 빈번하게 드는 건 왜일까요?

박재연 여러 가지 이유가 있을 텐데 뭐가 더 우세하다고 말하긴 힘들어요. 첫째는 기질적으로 예민함을 가지고 있어서 그럴 수 있어요. 예를 들어 배가 많이 고파도 가만히 있는 아이가 있는가 하면, 조금만 배가 고파도 울고불고 난리를 치는 아이도 있죠. 또 엄마가 젖병을 물려주면 뚝 그치고 편안하게 우유를 먹는 아이가 있는가 하면, 젖병을 집어던지면서 끝까지 자기의 불편한 감정을 표현하는 아이도 있어요. 그건 어떤 환경 안에서 학습되었다기보다 기질적인 영향이 크다고 봐요.

둘째는 주 양육자와의 관계를 통해 형성되는 성격적 예민함이에요. 예를 들어 엄마에게 배가 고프다고 말했는데 엄마가 "밥 먹은 지 얼마나 됐다고 또 배가 고파! 너는 먹는 거 말고 잘하는 게 뭐니?"라는 식의 반응을 보인다면 그런 말을 듣고 자란 아이는 자신이 원하는 걸 말하는 게 안전하지 않은 거라고 학습해요. 그러면 점점 나의 감정이나 내가 원하는 걸 말하는 게 힘들어지죠. 그러면 아이는 아예 말하지 않거나 참고 있다가 만만하거나 좀 더 안전한 대상에게 풀겠죠.

그게 화를 내는 형태로 나타날 수도 있고, 반대로 아주 친절한 형태로 나타날 수도 있어요. 자기가 거부당한 경험이 있으면 다른 사람에게도 또다시 거부당하기 싫으니까 훨씬 더 친절한 태도로 나타나는 거예요. 예민함이 항상 화로 표현되는 건 아니고 사람에 따라 불안감이나 우울감으로 표현되기도 해요. 그래서 저는 그 '예민하다'는 말을 이렇게 바꾸고 싶어요. '일상생활의 불편함이 있는가', '사회관계나 대인관계에서 나 스스로 불편함을 느끼는가'가 더 정확한 표현일 것 같아요.

예를 들어 내가 원하는 걸 말하지 못하고, 상대방이 그냥 하는 말도 과도하게 신경 쓰고, 그것 때문에 잠을 설치는 수준이라면 자기 스스로 불편함을 느낄 수밖에 없어요. 그러면 그때는 나의 예민함에 문제가 있다고 볼 수 있죠. 좋은 뜻으로 한 말인데 상대방이 내 말을 오해한 것 같다는 생각이 들거나, 다른 사람은 그냥 넘어가는 데 나만 유독 그 말을 견딜 수 없어 한다고 느껴지면 그게 곧 예민함의 척도가 될 수 있는 거죠.

최설민 그렇게 불편함을 느끼는 이유가 대부분 성장 과정의 인간관계에서 비롯되었을 확률이 높은 건가요?

박재연 그렇죠. 물론 기질적인 이유도 있긴 해요. 하지만 사실 그보다는 자라면서 부모, 형제, 친척, 선생님, 친구 등의 친밀한 인간관계 속에서 내 의견이 반영되기는커녕 아예 인정받지 못한 경험이 많으면 위축되어서 자기 의견을 표현하는 데 부담을 느끼고 자신감도 잃게 돼요. 그러면 성인이 되어 인간관계를 맺을 때도 당연히 그 영향을 받을 수밖에 없어요.

최설민 지금껏 나와 혹은 내 주변의 가까운 사람들이 그런 대화 방식을 당연하게 여기며 살아왔고 거기에 익숙해져 있더라도 그게 문제인 걸 알았다면 이제라도 바꿀 수 있지 않을까요? 이런 사람들이 변화하기 위해서는 어떻게 하면 될까요?

박재연 예를 들어 A와 B가 대화를 하는데 한쪽이 "너랑 대화하기 싫어"라고 직접 말하거나 '저 사람과는 다시는 대화하지 말아야겠다'라는 생각이 든다면 소통이 원활하지 않다는 뜻이잖아요. 그러면 왜 대화가 안 되는지 그 기준이 있어야겠죠. 그 기준이 '자동적 생각'이라는 개념이에요. 누군가와 대화를 나눈 뒤 후회가 남는다거나 서로의 마음에 상처가 남았다면 그 안에는 분명히 자동적 생각이 깔려 있었을 테고, 그 자동적 생각이 언어로 표현되었을 거예요.

자동적 생각에는 여섯 단계가 있어요. 첫 번째 단계는 부정적이거나 긍정적인 모든 '판단'이에요. 예를 들면 '저 사람은 친절해', '저 사람은 불친절해' 같은 판단이죠. 두 번째 단계는 조금 더 악의적인 의도가 담긴 '비난'이에요. '저 사람은 쓸모없는 인간이야', '저 사람은 여기 있을 필요가 없어'라는 식의 비난이죠. 세 번째 단계는 '협박'과 '강요'의 말이에요. "너 당장 나한테 사과해. 안 그러면 너 여기서 쫓겨날 줄 알아"라는 식으로 협박하거나 강요하는 거죠.

네 번째 단계는 "너 같은 사람이 있는지 한번 봐봐. 너만 여기서 이러고 있어. 저 사람 얼마나 열심히 하니?"라는 식으로 '비교'하는 거예요. 다섯 번째 단계는 "비교할 거리도 안 돼. 인간이라면 당연히 그래야 하는 거야", "네가 내 여자 친구라면 당연히 이래야 하는 거야"라고 '당연시'하는 거예요. 여섯 번째 단계는 "내가 널 위해서 이렇게까지 말하는데 너는 내 맘을 모르는구나"라는 식의 '합리화'예요.

이 여섯 가지 대화 패턴은 실제로 다른 사람을 향해 언어적으로 표현되거나 혹은 비웃는다거나 무시하는 눈길 같은 비언어적 방식으로 표현되기도 하고, 또는 자기 안으로 들어오기도 해요. 서로 조심스러운 사이일 때는 대화 도중 상대방을 비난하고 싶은 말이 떠올라도 대놓고 말하지 못하고 속으로만 갖고 있게 되는데, 그렇더라도 어떤 방식으로든 드러날 수밖에 없어요. 그런 상황이 여러 차례 반복된 관계라면 백 퍼센트 드러나죠. 대화가 원활하지 않을 때 나타나는 단절의 대화 패턴이에요.

내가 그렇게 생각하고 있다는 걸 알아차리기

최설민 그러면 자동적 생각의 각 패턴에 따른 개선 방법이 존재하는 건가요, 아니면 공통으로 적용되는 개선 방법이 있나요?

박재연 자동적 생각을 바꿀 수는 없어요. 의도적이라기보다는 무의식적으로 드는 생각이기 때문이에요. 누군가를 마주하면 나이가 몇 살 정도일 것이다, 어떤 공부를 했나보다, 어떤 직업을 가지고 있나보다 등의 생각을 하게 되는데, 무의식적이면서도 자동적인 반응이라 바꿀 수는 없어요. 다만 자신의 생각을 알아차리고 인정하는 건 가능해요.

내가 상대방을 보고 '저 사람은 친절할 것 같다고 생각하고 있구나', '저 사람은 사치스러울 것 같다고 생각하고 있구나', '저 사람은 공부를 많이 한 것 같다고 생각하고 있구나'라고 자신의 생각을 알아차리고 인정한다는 거죠. 대부분의 갈등은 자신이 그렇게 생각하고 있다는 걸 알아차리는 게 아니라 '저 사람은 그래'라고 단정짓기 때문에 생겨나요. '저 사람은 사치스러워', '저 사람은 이기적이야', '저 사람은 어리석어'라고 단정지어버리는 거죠.

그런데 '저 사람은 사치스러울 것 같다고 내가 생각하고 있구나'라는 걸 알아차리면 '사실'과 '관찰'과 나의 '판단'이 분리될 수 있어요. 그런 노력을 하면 갈등이 일어난 대상과 대상 사이에 변화가 일어나요. 서로에 대한 부정적 생각 혹은 부정적 판단이 객관화된 생각이라는 걸 알아차리는 그 순간 첫 번째 전환이 일어나는 거죠. 이런 노력이 바로 관찰 훈련이에요.

관찰 훈련의 첫 번째 방법은 공간을 관찰하는 거예요. 예를 들어 "이곳은 참 밝네요"라고 말하는 건 '판단'이에요. 반면에 "여기에는 네모난 조명이 세 개 있고, 동그랗고 노란빛의 조명이 열한 개 있네요"라고 말하면 그건 '관찰'이에요.

공간을 관찰하는 연습을 많이 해보기를 권해요. 출퇴근 시 전철 안에서나 버스 안에서도 얼마든지 해볼 수 있어요. 내 앞에 몇 명이 앉아 있는지 세어보기도 하고, 어떤 옷을 입고 어떤 신발을 신었는지, 무슨 가방을 들었는지 관찰하는 거예요. 관찰의 눈으로 돌아가면 무엇이든 판단하려던 생각이 전환돼요.

두 번째 방법은 일상을 관찰하는 거예요. 예를 들어 "나 오늘 점심 맛있게 먹었어"가 아니라 "내가 오늘 점심에 비빔밥을 먹었는데 그 안에는 호박, 버섯, 시금치, 콩나물, 고사리가 들어 있고 달걀도 있었는데 달걀의 노른자는 익지 않은 동그란 모양 그대로였어"라고 내가 경험한 그대로의 일상을 관찰하는 훈련이에요. 그러면 그 안에는 생생한 경험이 그대로 드러나기 때문에 구체적으로 내가 어떤 일을 했고 뭘 했는지를 기억하기도 좋고, 거기에 어떤 판단이나 해석이 개입되는 것으로부터 거리를 둘 수 있어요.

최설민 그러면 하루 동안 있었던 나의 일들에 대해 일종의 관찰 일기를 쓰는 것도 도움이 될까요?

박재연 아주 도움이 많이 되죠. 그리고 더 중요한 세 번째 관찰 훈련 방법은 사람을 관찰하는 거예요. 하루 종일 내가 만난 사람들을 관찰하는 거예요. "오늘 팀장님이 나한테 친절하게 해주셨어"라고 말하면 이건 판단이에요. 반면에 "오늘 오전에 팀장님한테 보고서를 올렸는데, 오후에 지나가면서 내 책상에 커피 한잔을 놓아주시면서 오늘 보고서 정말 좋았다고 말해주셨어"라고 말하는 건 관찰인 동시에 감사예요. 상대방의 행동을 내가 판단하는 게 아니라 있었던 그대로, 사실을 관찰하는 쪽으로 바꾸는 아주 효과적인 훈련이에요.

판단으로부터 멀어질수록 상대방을 호기심으로 볼 수 있다고 말해요. 하지만 실제로 그렇게 하기가 어렵죠. 이미 판단을 다 해버렸기 때문에 더 이상 호기심을 가지고 볼 게 없어요. 판단이 아니라 관찰로 돌아가면 우리의 판단이 얼마나 잘못되어 있고 얼마나 많은 편견과 선입견으로 꽉 차 있는지를 알게 되고, 그것만으로도 대화의 질이 굉장히 달라져요.

최설민 우리가 흔히 누군가를 상대로 "그 사람 되게 착해"라고 이야기할 때가 있는데, 어떤 면에서는 그렇게 말하는 것도 우리의 섣부른 판단일 수 있는 거네요.

박재연 그렇죠. 그래서 누군가에게 진심 어린 선의로 '착하다'라는 말을 해주고 싶다면 다른 언어적 표현이 있는지 한 번 고민해 보는 게 좋을 것 같아요. 예를 들어 '착하다'라는 말 대신 "저한테 좋아하는 커피가 뭔지 물어보고 이렇게 직접 사다 주셔서 정말 감사해요. 덕분에 제가 원하는 커피를 마실 수 있게 되었네요"라고 말하는 게 훨씬 더 진심으로 느껴져요. 만약에 상대방이 나보다 어린 경우라면 "내가 무슨 커피 좋아하는지도 물어보고 이렇게 사다 줘서 고마워. 그런데 네가 힘들 때는 안 해도 되는 거야"라고 말해주면 더 좋죠.

우리는 어릴 때부터 나보다 힘이 있는 윗사람에게 어떻게 행동하는 게 바르고 사회적인 태도인지에 대해 주입식 교육을 받고 자라요. 그래서 나도 모르는 사이에 그 프레임대로 행동하게 되죠. 하지만 선의가 반복되면 관행처럼 당연한 게 되어버리고, 그로 인해 상처받는 사람들이 생겨나요. 이런 사람에게는 칭찬도 아주 섬세하게 해야 한다고 봐요. 그래서 긍정적인 판단이라도 대화에 도움이 되지 않을 때가 있어요.

"잘했어, 참 착하네"라는 가벼운 칭찬보다 "내가 뭘 좋아하는지 물어보고 이렇게 챙겨줘서 고마워. 덕분에 내가 좋아하는 걸 마실 수 있네"라고 상대방의 행동이 얼마나 의미 있는 것인지를 구체적으로 표현하는 게 훨씬 좋은 대화 방식이에요.

놀심의 한 줄로 배우는 심리학

* 예민하다는 것의 객관적인 기준이나 틀은 없습니다. 스스로 일상생활의 불편함이 있는지, 사회관계나 대인관계에서 불편함을 느끼는지를 되짚어보세요.
* '착하다'라는 말도 어떤 면에서는 섣부른 판단입니다. 가벼운 칭찬보다 상대방의 행동이 얼마나 의미 있는 것인지를 구체적으로 표현하는 게 훨씬 좋은 대화법입니다.

절대 무시당하지 않는 강한 멘탈 만드는 법

성유미 | 토아정신분석클리닉 원장

자기 믿음이 단단한 사람, 자기 확신이 있는 사람은
남이 나를 무시한다는 생각에 연연하지 않아요.
'세상에 나를 무시할 수 있는 사람은 없어'라고 생각하는 사람은
똑같은 상황에 놓여도 다르게 반응하거든요.
상대방이 인사를 안 해도 그냥 '바쁜 일이 있겠지'라고 생각해요.
스스로 '나를 무시할 리 없다'는 확신을 갖는 게 중요합니다.

최설민 한 사회의 구성원으로 살아가다 보면 타인의 시선을 전혀 의식하지 않을 수는 없는 것 같습니다. 그런데 주변에 보면 지나칠 정도로 타인의 시선을 신경 쓰면서 자신이 남들에게 무시당한다고 생각하는 사람들이 있어요. 그들이 유독 그렇게 느끼는 이유가 뭘까요?

성유미 무시당한다는 말을 다르게 표현하면 '왜 나를 안 보

지?'라는 것과 같아요. 이것을 좀 더 직접적인 표현으로 바꾸면 '나를 봐줘. 나를 왜 안 봐?'예요. 성인이 되면 다른 사람에게 나를 봐달라는 말을 쉽게 하지 못하죠. 그보다 '나를 무시하지 않았으면 좋겠어', '나를 좀 신경 써줘'라는 정도가 조금 쉽고 완곡한 표현이겠죠. 나를 봐달라, 나에게 집중해달라는 건 인간의 가장 기본 욕구라고 볼 수 있어요.

'나를 본다'는 것은 곧 내가 존재감을 가지고 있다는 것과 같은 말이에요. 그렇다고 해서 항상 타인의 시선을 필요로 하는 건 아니에요. 그러면 누구의 시선이 있어야 이 문제가 해결될까요? 바로 나 자신이에요. 쉽게 말해 내 마음의 불이 환하게 켜져 있는 것, 일종의 자의식이라고 표현할 수 있어요. 이 자의식이 희미할 때 문제가 생겨요. 내 마음의 불이 꺼져 있는지 켜져 있는지조차 잘 모르고 지내다가 누군가로부터 공격당하거나 소외당하는 등 부정적인 자극을 받으면 마음이 요동치면서 관심에 대한 욕구가 갑자기 튀어나오는 거죠.

예를 들어 내가 인사를 했는데 상대방이 그냥 지나갔어요. 이때 내 마음의 불이 환하게 켜져 있어서 편안한 상태면 바빠서 그랬거나 나를 못 봐서 그랬을 거라고 너그럽게 해석하고 그냥 넘겨요. 그런데 마음에 불이 꺼져 있어서 편협해진 상태면 극단적으로 해석해서 상대방이 나를 무시했다고 탓하며 화를 내는 거죠. 이렇게 무시당했다고 느꼈을 때 바로 분노를 표출하는 사람이 있는가 하면, 화가 났지만 일단 참는 사람도 있어요. 하지만 마음 안에 이미 무시당했다는 자극이 들어왔기 때문에 온통 거기에만 관심이 쏠리게 되죠.

최설민 그 분노의 감정을 표출하지 않고 계속 억누르면 그것 또한 문제가 생기지 않을까요?

성유미 상대방이 나를 무시했다는 느낌이 들어 화가 났는데 이 화를 표출하지 않고 내 안에 가둬버리면 분노의 감정이 다른 형태로 변해요. 이때 '생각'이 등장하죠. 상대방이 왜 나를 무시했는지 원인을 찾는 거예요. 그런데 그 원인을 상대방에게서가 아니라 대개 내 안에서 찾으려고 해요. 그러면서 '내가 뭐가 부족해서일까?'라는 자기부족감이 등장하죠. 이런 패턴이 만성화되면 우울이나 불안이 동반됩니다. 자기부족감에 휩싸이면 매사 자신감이 떨어지고, 그러다 보면 '또 무시당하면 어떡하지?' 하는 불안감이 생기고, 그러면 또다시 자신감과 동력을 잃는 식의 악순환이 반복되는 거죠.

최설민 그렇게 되면 타인의 눈치를 보고 스스로 자기 자신을 믿지 못하게 될 수도 있을 것 같습니다.

성유미 거기까지 가면 상당히 심각한 상황이어서 평소 일을 잘하던 사람도 능력치에 비해 현저히 성과가 떨어지게 되죠. 눈치를 볼 때 생각하는 것보다 에너지를 많이 뺏겨요. 사람들의 눈치를 보고 나에 대한 평가를 신경 쓰고 나를 무시하지 않는지 신경을 곤두세우며 거기에 연연하다 보면 그쪽에 너무 많은 에너지를 사용하게 되어서 일에 대한 집중도가 떨어지고 결과물이 좋을 수 없죠. 그런 상태를 정신과에서는 '강박증'이나 '사회불안' 혹은 '대인불안'이라고 지칭해요. 모양새는 다르지만 여러 가지 불안 증세를 유발하는 가장 밑바닥에는 대개 자기부족감과 무시감이 작용한다고 봅니다.

나는 나를 얼마나 알고 있는가

최설민 자기부족감과 무시감이 불안의 공통 원인일 수 있는 거네요. 그 원인을 송두리째 뽑아내기는 어려워도 그런 자극에 불이 켜지지 않도록 할 수 있는 방법은 없을까요?

성유미 어려운 문제이긴 하지만 자기 자신에 대한 믿음만 생겨도 무시감 자체에서 벗어날 수 있어요. 자기 확신이 있는 사람, 즉 '누가 나를 무시하겠어', '이 세상에 나를 무시할 수 있는 사람은 없어'라고 생각하는 사람은 똑같은 상황에 놓여도 다르게 반응하거든요. 상대방이 인사를 안 해도 그냥 '바쁜 일이 있겠지'라고 생각해요. 나 스스로 '나를 무시할 리 없다'는 확신을 갖는 게 중요하죠.

자기 확신이 강하지 않으면 스스로 '나는 괜찮은 사람이야'라고 생각해도 타인이 조금 강하게 자극하면 쉽게 흔들려요. 그래서 평소에 내가 나를 어떻게 생각하는지가 아주 중요해요. 문제는 마치 '자존감이 있는 것'처럼 스스로 속고 있는 경우예요. 알맹이는 없는데 자존감이 있는 것처럼 포장되어 있는 거죠. 그래서 외부 자극이 왔을 때 쉽게 흔들린다면 일단 내가 생각보다 자존감이 탄탄하지 않다고 판단하고 이 부분을 먼저 점검해 보는 게 좋아요.

최설민 자기 확신과 자존감을 어떤 면에서는 같은 맥락의 개념이라고 볼 수도 있을까요?

성유미 자존감은 말 그대로 '자기를 존중하는 심정'이라고 본다면, 자기 확신은 '자기에 대한 생각'에 더 가까워요. 내가 '나를 어떻게 생각하는가'인 거죠. 배역의 캐릭터를 분석하듯이 '나'라는 사람에 대해 구체적으로 분석함으로써 자기를 객관화할 수 있고, 이런 객관화를 통해 사실을 사실로 받아들이는 연습을 하는 거예요. 그리고 이런 연습을 통해 '나'라는 사람을 알게 되면 자기를 인정하고 존중하는 감정이 따라오게 되죠. 이런 과정이 생략된 채 인위적으로 자존감을 가지면 알맹이 없이 포장만 있는 자존감에 스스로 속고 있는 거예요. '나는 대단한 사람'이라고 생각해도 그 근거가 희박하면 자존감은 언제든 무너질 수밖에 없어요. 자기만의 근거를 확인하는 연습이 중요하고 그게 바로 자기 확신이에요.

최설민 '나'에 대한 근거가 부족하다면 그 근거를 만들어내는 게 오히려 현실적인 방법일 것 같아요. 자기 확신을 갖기 위해 어떤 노력이 필요할까요?

성유미 일단 내가 부족하다고 생각하는 것들을 더 발전시키려고 노력하는 게 현실적이에요. 그런데 이때 자기 자신에 대해 '나는 의지가 약하다, 나는 게으르다'라는 식으로 추상적이고 모호하게 판단하는 건 별로 도움이 되지 않아요. 그보다는 좀 더 실질적이고 구체적인 분석이 필요해요. 또 그 원인을 정확하게 분석하지 않고 '귀찮아서, 졸려서'라고 수렴해버리면 더 이상 생각이 확장되지 않아요.

자기 의문의 시간을 가져라

최설민 자기 확신을 갖기 위해 자기에 대한 분석 리스트를 만들어 구체적으로 글로 써보는 것도 괜찮은 방법일까요?

성유미 그럼요. 무엇이든지 일기처럼 직접 써볼 때 더욱 확실해지는 경향이 있거든요. 일기를 쓰는 사람이 안 쓰는 사람보다 훨씬 사고가 깊죠. 자기 확신도 결국 나 자신을 아는 것에서 출발하는 거예요. 내 느낌을 알아차리는 것도 나를 알아야만 가능한 거잖아요. 추상적으로 모호하게 판단하는 걸 멈추고 가시화하고 구체화하는 연습을 해야 해요. 자기에 대해 알게 되는 것들을 그때마다 적어보는 거죠.

매 순간 새로운 경험을 할 때 얻는 통찰, 즉 인사이트의 안을 들여다보는 거예요. 그런데 보기만 하고 아무것도 하지 않으면 쉽게 망각해요. 그 순간의 새로운 느낌만 모호하게 남고 통찰했던 콘텐츠는 사라지는 거죠. 그 통찰을 캡처하는 방식이 바로 '쓰기'라고 생각해요. 바로바로 쓰는 게 어려우면 스마트폰의 녹음 기능을 이용해도 좋아요. 어떤 식으로든 기록을 남겨두었다가 시간이 될 때 자기가 쓴 책을 읽듯이 보는 거예요. 그렇게 자기만의 책을 하나씩 만들어두면 언제고 그것들을 또 보게 되고, 그러면 그때 또 새로운 통찰이 생겨요.

최설민　나에 대한 생각과 통찰을 녹음이나 메모의 형식으로 기록할 때 혹시 지켜야 할 점이나 주의할 점이 있을까요?

성유미　나에 대해 가장 먼저 떠오르는 생각이나 아이디어를 쓰는 게 중요해요. 그런 다음 그 항목에 질문을 추가하는 거예요. 예를 들어 '나는 게으르다'라고 썼다면 그 아래에 '과연 나는 정말 게으른가?'라고 질문을 쓰는 거예요. 그런 다음 '이러이러해서 게으르다'라는 근거를 제시하는 거죠. 그렇게 하나의 화두에 대해 정확하게 '나는 이런 사람이다'라는 결론이 날 때까지 계속 생각하고 써보는 거예요.

내가 게으르다고 판단하는 게 아니라 나의 현상을 있는 그대로 쓰고, 과연 이 현상이 게으름의 이유일 수 있는지 논리적으로 생각해 보는 거죠. 이런 글쓰기는 소크라테스식 대화법의 기초

이기도 해요. '왜?'라고 계속 질문하면서 그것에 대한 정확한 근거를 찾아가는 거예요. 일종의 자기 의문의 시간인 거죠. 이를 두고 자기 불확신이 아닐까 걱정할 수도 있는데 이런 의문은 불안을 일으키지 않아요. 확신을 갖기 위한 과정인 거죠.

확실한 답을 찾아가는 의문 상태와 막연한 불안 상태를 분명하게 구분할 필요가 있어요. 우리의 삶 속에는 내가 나를 몰라서 생기는 문제들이 많아요. 무엇이든지 확실하게 알면 자연스럽게 확신이 생기고, 자기 확신이 생기면 스스로 그것을 인정하게 되고 거기에서 바로 자존감이 생겨난다는 걸 기억하면 좋겠어요.

놀심의 한 줄로 배우는 심리학

- ⋆ 자의식이 희미하면 마음에 문제가 생겨요. 내 마음의 불이 환하게 켜지도록 나에 대해 알아가는 시간이 반드시 필요합니다.
- ⋆ 일기를 쓰면 사고가 훨씬 깊어지듯이 자기에 대한 분석을 글로 적으면 추상적인 생각들이 훨씬 가시화되고 구체화됩니다. 나를 알면 확신이 생기고 거기에서 자존감이 자라납니다.

KI신서 13448

놀면서 배우는 심리학 01 관계의 분리수거

잘 지내려 애쓸수록 상처받는 사람들을 위한 심리학

1판 1쇄 인쇄 2025년 3월 10일
1판 1쇄 발행 2025년 3월 26일

지은이 김경일 김윤나 김태경 김혜령 박재연 성유미 신고은 신재현 유은정 이현주 장성숙
전소정 지나영 최명기 최설민 하정희 한창수 함광성
엮은이 최설민
펴낸이 김영곤
펴낸곳 (주)북이십일 21세기북스

인문기획팀장 양으녕 **책임편집** 서진교 **마케팅** 김주현
디자인 studio forb
출판마케팅팀 남정한 나은경 최명열 한경화 권채영
영업팀 변유경 한충희 장철용 강경남 황성진 김도연
제작팀 이영민 권경민

출판등록 2000년 5월 6일 제406-2003-061호
주소 (10881) 경기도 파주시 회동길 201(문발동)
대표전화 031-955-2100 **팩스** 031-955-2151 **이메일** book21@book21.co.kr

(주)북이십일 경계를 허무는 콘텐츠 리더

21세기북스 채널에서 도서 정보와 다양한 영상자료, 이벤트를 만나세요!
페이스북 facebook.com/jiinpill21 **포스트** post.naver.com/21c_editors
인스타그램 instagram.com/jiinpill21 **홈페이지** www.book21.com
유튜브 youtube.com/book21pub

ISBN 979-11-7357-160-2 (04180)
979-11-7357-159-6 (04180) (세트)